KB064600

인생을 바꾼

바인더 독서법 & 글쓰기

한국평생교육원

한국평생교육원은 행복한 성공을 간절히 원하고
구체적으로 상상하며, 열정적으로 재미있게 배우며
긍정적인 비전을 선언하는 이들이 보는 책을 만듭니다

인생을 바꾼 바인더 독서법 & 글쓰기

초판 1쇄 발행 · 2016년 12월 20일
초판 3쇄 발행 · 2017년 02월 20일

지은이 · 유성환
발행인 · 유광선
발행처 · 한국평생교육원
편　집 · 장운갑
디자인 · 이종헌

주　소 · (대전) 대전광역시 서구 계룡로 624 6층
(서울) 서울시 서초구 서초중앙로 41 대성빌딩 4층
전　화 · (대전) 042-533-9333 / (서울) 02-597-2228
팩　스 · (대전) 0505-403-3331 / (서울) 02-597-2229

등록번호 · 제2015-30호
이메일 · klec2228@gmail.com

ISBN 979-11-955855-8-8 (13320)
책값은 책표지 뒤에 있습니다.

이 도서의 국립중앙도서관 출판예정도서목록(CIP)은 서지정보유통지원시스템 홈페이지(http://seoji.nl.go.kr)와 국가자료공동목록시스템(http://www.nl.go.kr/kolisnet)에서 이용하실 수 있습니다.(CIP제어번호: CIP2016028625)

인생을 바꾼

바인더 독서법 & 글쓰기

유성환 지음

한국평생교육원

| 추천사 |

평범한 사람이 전문가가 된다는 것은 꽤 많은 시간과 부단한 노력이 필요합니다. 2009년 이 책의 저자가 1,000권을 읽겠다는 목표를 듣고 말렸었습니다. 1년에 100권 정도는 일상에 지장을 주지 않지만 그 이상은 문제가 발생하기 때문입니다. 하지만 2010년도에 그는 1,003권을 읽었습니다. 놀랍다 못해 괴물이라고 말하고 싶습니다. 회사생활을 하면서 책을 읽는 것은 습관화되지 않으면 힘이 드는 일입니다. 노력만 가지고는 정말 어려운 일이라 할 수 있습니다.

현재 나비독서포럼 모임에서는 1년에 50권을 권장하고 있습니다. 일주일에 한 권을 읽으면 약 50권이 됩니다. IT가 발달하면서 독서량이 급격히 줄고 있습니다. 대학에서 강의를 해보면 심각할 정도로 책을 읽지 않습니다. 이런 추세로 간다면 글로벌한 경쟁사회에서 과연 살아남을 수 있을지 걱정이 앞섭니다.

이 책에는 저자가 직장생활을 하면서 1,000권을 읽었던 노하우가 기록되어 있습니다. 물론 단순히 읽기만 한 것도 있겠지만 정리하여 일상생활에 적용하고 있다는 점 또한 높이 사줄 만한 일입니다. 그의 일상을 들여다보면 새벽부터 밤늦은 시간까지 부지런히 움직입니다. 남들과 조금 다른 점은 IT 강의를 하는 사람이 바인더를 같이 사용한다는 점입니다. 두 가지의 장점을 적절하게 이용하면서 성과를 내고 있습니다.

3P 바인더를 사용하면서 놀라운 성과를 거둔 사례는 이미 학생들과 직장인에서 검증되었고 누구나 할 수 있으며 복제가 가능한, 하나의 시스템이라 할 수 있습니다. 책과 바인더를 적절히 활용할 줄 안다면 시너지를 극대화시킬 수 있습니다.

모쪼록 이 책을 집어든 독자들 모두 독서와 바인더 그리고 디지로그Digilog를 통하여 전문가의 반열에 오를 수 있었으면 좋겠습니다. 직장생활에서 탁월한 성과를 올리고 싶거나 대학 졸업을 앞둔 취업 준비생들에게 좋은 자양분이 될 수 있을 것 같습니다.

독서를 통하여 새로운 도전을 하고 싶거나 현재의 위치에서 한 단계 성장하고 싶다면 이 책을 읽고 실천해 보면 좋은 성과를 올릴 수 있을 거라 확신합니다.

3P 자기경영연구소 대표

강규형

| 서평 |

IT의 발달로 스마트폰이 지배하는 세상이 되었다. 하지만 책을 통하여 생각의 깊이를 늘려가는 방법이 자신에게는 더욱 도움이 된다. 자기계발을 시작하는 사람들에게 일독을 권한다.

– 천호식품 회장 김영식

드디어 나왔다. 내가 지켜본 저자는 1년에 1,000권의 책을 읽는 괴물이었다. 그가 독서에 관한 책을 쓴다고 했을 때 내심 기대되었다. 그런데 그의 책이 드디어 나왔다. 독서를 하고 싶고 책을 읽고 싶어도 어떻게 읽어야 할지, 어디에서부터 시작해야 할지 막막했던 독자들에게 희소식이 아닐 수 없다. 이 책은 단순한 독서비법만을 제시하는 것이 아니라 독서를 통해 여러분들의 실생활에 적용을 하고 삶을 향상시킬 수 있는 보석 같은 책이라고 감히 말할 수 있다. 실제로 방송활동을 하고 있는 본인 같은 경우에도 독서에 대한 목마름과 중요성을 해소해주고 중요성을 깨닫게 해준 판도라 상자나 무협지의 비법서와 같은 그런 좋은 책이다. 아마 여러분들의 인생을 향상시켜 줄 수 있는 그런 책이라고 생각하며 적극 추천한다.

– 방송인 류대산

지속가능한 프로가 되어야 하는 이유와 방법

모든 일에는 시작과 끝이 있다

생명의 탄생과 인생의 황혼이 다할 때까지 수많은 시작과 끝이 있다. 물론 중도에 포기한 것도 끝이라고 볼 수 있다. 나카지마 아츠시가는 〈산월기〉에서 '인생은 아무것도 이루지 않기에는 너무나 길지만, 무언가를 이루기에는 너무나 짧다.'라고 말하고 있다. 인생은 여행과 같다고 말하는데, 처음 가는 길을 어떻게 가야 하나 고민할 사이도 없이 세상에 빛을 본 순간 여행은 시작된다.

인생의 여행은 연습이 없다. 지금 이 책을 읽고 있는 이 순간, 이 시간도 딱 한 번밖에 없다.

그렇다면 딱 한 번의 기회를 '내가 살다 간 세상보다 조금 더 나은 세상을 만드는 역할을 해보는 건 어떨까?' 그러기 위해서는 변화를 위한 준비를 시작해야 한다. 나비가 알에서 애벌레로, 애벌레에서 번데기로, 번데기에서 탈피의 과정을 겪어야만 비로소 나비가 되듯이, 변화는 이처럼 완벽한 자신의 탈피 과정을 거쳐야만 이루어진다.

나비의 의미는 다르게 해석할 수도 있다 "나로부터 비롯하여"를 줄여서 '나비'라고도 한다. 이처럼 모든 일의 시작은 나로부터 비롯된다.

하지만 달라지고 싶은데 노력을 해도 변하지 않는 이유는 뭘까 하는 의문이 생긴다. 결론은 변화하지 않아도 그런 대로 견딜 만하기 때문이다. 아직은 충분히 고통스럽지 않고 절실하게 원하지 않아도 살만하기 때문이다. 단순히 '해보겠다.'라고만 생각하고 생각하는 것만으로 끝이 난다. 하지만 변화하기 위해서는 절실한 이유가 필요하고, 절박한 이유를 만들 필요가 있다.

필자는 절실하고 절박한 이유를 만드는 데 3년의 시간이 걸렸다. 대기업의 커다란 울타리를 벗어났을 때 과연 나만의 경쟁력은 무엇이 있을까 하고 고민을 해보고 해답을 찾기 위해 노력을 했다.

변화의 첫 번째 걸림돌은 자존심이다

사람은 누구나 자존심 때문에 자기의 무지를 인정하고 싶지 않은 심리가 내면에 감춰져 있다. 특히 좋아하는 이성이나 잘 보이고 싶은 사람이 있을 때는 더욱 그렇다. 자신의 무지를 감추기 위해 과장된 표현을 하거나 그럴싸한 거짓말을 하기도 한다. 하지만 이런 거짓말은 오래가지 못한다. 금세 들통 나기 때문이다. 자신의 부족함을 인정하기 위해서는 큰 용기가 필요하다. 모르는 것을 솔직히 질문할 줄 알아야 한다. 그래야 한 단계 성장할 수 있다. 자존심으로 자신을 가두면 무안함을 모면했다고 하더라도 한 단계 후퇴하는 꼴이 되고 만다.

무지함을 깨트리기 위한 도전, 1,000권의 책 읽기

필자는 무지함을 깨우치기 위해 1년에 1,000권의 책 읽기에 도전했다. 책을 읽는 동안 많은 걸 포기해야 했지만 머릿속에는 필자만의 작은 도서관이 만들어졌다. 변화는 두렵고 불안하지만 책을 읽고 자신감이 생겼다. 어렵고 힘들수록 얻어지는 기쁨과 희열은 커진다는 생각에 고통도 하나의 즐거움으로 다가왔다.

하지만 책을 읽으며 또다시 의문이 생겼다. 책을 읽으면 곧바로 결과가 나올 것만 같았는데, 눈에 보이는 결과물이 쉽사리 보이질 않았다. 또한 정말 자기계발서에서 말하는 성공이 어떻게 이루어지는지 궁금했다. 그래서 3년 동안 열심히 책을 읽고 자기계발과 유료강의, 독서모임참여 등 나름대로 최선을 다했다. 이런 노력이 성공의 밑거름이 되리라는 생각으로 노력했지만 속빈 강정처럼 허무하게도 결과물이 없었다. 강의를 들어도 당시에만 감동이 있을 뿐 돌아서면 사상누각이었다. 이유를 분석해보니 구체적인 실천방법이 없었다. 또한 지속적 유지가 어려웠다. 혼자 하기에는 너무 어렵고 외로운 길이었다.

실천방법의 실마리 3P 바인더

실천방법에 대한 고민이 계속 쌓여갔다. 스스로 자기 경영을 할 수 있는 방법을 찾다가 박상배 팀장을 만나고 3P 자기경영연구소의 강규형 대표와의 인연이 시작된다. 필자는 기록하거나 정리하는 부분은 문외한이었다. 하지만 3P 바인더를 기록하기 시작하면서 프로세서가 정립되기 시작하고 나만의 시스템이 만들어졌다.

목적을 설정하고 구체적인 시간계획을 세웠으며 기록을 통해 빠진 부분을 보강할 수 있게 되었다. 1년 정도 바인더를 사용하면서 정리하는 습관이 생기기 시작하고 단순한 책 읽기에서 적용할 점을 찾기 시작했다. 하지만 2%의 부족함이 있었다. 스마트기기의 등장으로 신속한 검색이나 파격적인 어플들의 편리함을 따라갈 수가 없었다.

디지로그로 2%의 부족함을 해결하다

필자는 IT 전문 강사다.

IT의 변화는 짧다. 다양한 기기와 새로운 기능들이 버전업될 때마다 새롭게 공부를 해야 한다. 6개월이 멀다고 새로운 기기들이 나온다. 빠른 변화 속에 대응하지 못하면 강의를 듣는 사람이 먼저 안다. 그래서 매번 다음 강의를 준비하고 자료를 수정한다.

자료를 수정하고 준비하는 동안은 철저히 종이 위에 펜으로 전체적인 구성과 어떤 것을 전달해야 할지, 필요 없는 것은 무엇인지 그림을 그려본다. 머릿속의 '암묵지'(머릿속에 생각으로만 있는 상태) 형태의 자료를 '형식지'(그림이나 글로 표현해 내는 것)로 끌어내는 작업을 거쳐야만 나만의 강의를 할 수 있다. 스토리를 구성하고 강조할 부분을 연습해보고 내부에서 시범 강의를 진행한다.

다음 그림은 필자가 사용하고 있는 바인더에 마인드맵으로 정리한 사례다.

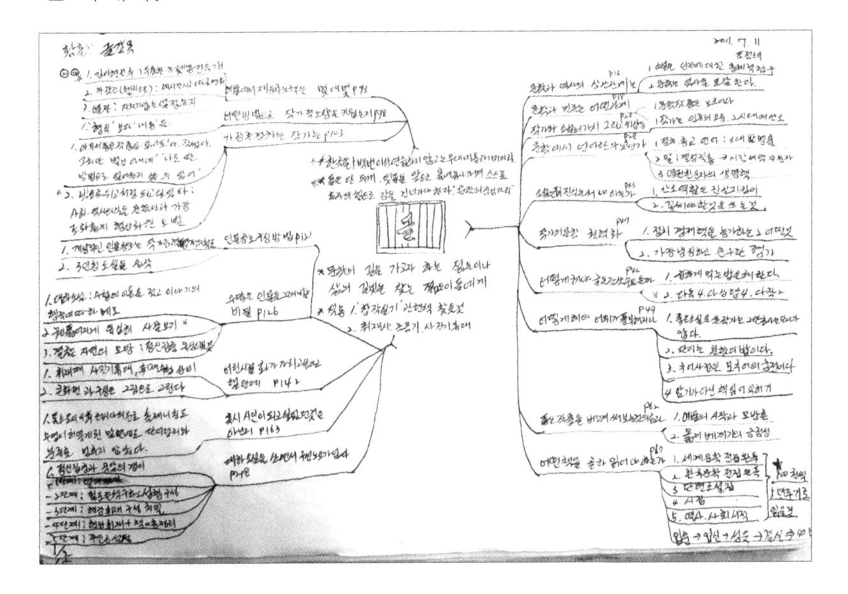

진정한 프로만이 살아남는다

직장생활의 가장 큰 문제는 언젠가는 직장을 떠나야 한다는 점이다 하지만 정작 더 큰 문제는 프로가 되기 위한 준비를 하지 않는다는 것이다. 자신만의 무기를 만들 필요성을 느끼더라도 만드는 방법조차 모르고 있다는 점이다. 직장이라는 울타리에서 벗어나게 되면 경쟁력을 잃게 되고 어느 순간 중산층의 삶에서 빈곤층으로 전락하고 만다.

3년 전 조그마한 안경점의 안경사였던 박 팀장과 KT에 다니고 있던 필자가 처음 독서모임과 강규형 대표를 만난 후 박 팀장은 독서경영분야의 전문가가 되었고 회사의 독서 컨설팅과 대학의 강단에서 강의를 하고 있다. 연봉 또한 필자의 두 배 정도가 되었다.

그동안 필자는 회사에서 IT 전문가가 되어 강의를 하고 있다. 지금은 강의와 마케팅을 중심으로 생활하고 있다. 대학과 기업을 대상으로 강의와 컨설팅을 주로 하고 있고 유치원, 초등학교, 중학교, 고등학교, 일반을 대상으로 독서와 커리어 강의를 하고 있다.

나름대로 노력을 하고 필자만의 시스템을 갖추기 시작했지만 또다시 3년이 흐른다면 박 팀장은 더 큰 사람이 되어 있을 것이다. 필자 역시 성장한 모습이 그려진다. 앞으로 10년 뒤의 모습을 그려봤을 때 현재의 안락한 직장생활을 할 것인지 아니면 진정한 프로가 되어 필자만의 세계를 펼칠 것인지에 대한 답은 나와 있다.

프로는 하루아침에 이루어지지 않는다. 3년의 시간 동안 박 팀장은 "집에 다녀오겠습니다."라는 말을 할 정도로 노력을 많이 했다.

필자는 새벽 3시 50분에 기상해 책 한 권을 읽고 출근을 했다. 이런 노력의 결실을 생각하면 내일이 설렌다. 일 년 뒤, 삼 년 뒤,

십 년 뒤의 모습이 기다려진다.

이무기가 여의주를 품고 하늘에 오르면 용이 되고 만약 그 모습을 사람이 본다면 이무기로 평생을 살아간다는 속설이 있다. 지식이 그런 것 같다. 책을 읽어서 쌓인 지식을 자랑하면 이무기가 되고 잘 활용하고 주위에 베풀면 용이 되어 자신의 지혜로 활용할 수 있는 것 같다. 부디 이 책이 이직이나 전직, 퇴직, 취업을 준비하는 사람들에게 도움이 되었으면 하는 바람이다. 무턱대고 회사를 그만두는 어리석은 사람은 없겠지만 자신의 분야에서 새로움에 도전하기 위해서 무엇부터 해야 할지 막막하다면 내가 겪었던 준비 과정이 도움이 될 것이라 생각된다.

책이 출간되면서 잘났다고 떠들어 대는 내 자신이 한없이 부끄럽다. 모쪼록 이 책이 탄생하기까지 도와주신 멘토 강규형 대표님과 길을 만들어준 친구 박상배에게 감사를 드립니다. 특히 이 책을 완성할 수 있도록 해주신 유광선 원장님과 장운갑 편집장님, 이종현 이사님께 감사함을 전합니다. 아울러 옆에서 조용히 지켜봐준 가족, 딸 영비와 아들 영우, 가장 소중한 와이프 박소영에게 고마움을 전한다.

유성환

차 례

CONTENTS

제1장 인생 지도 책으로 그리다

3P 바인더 그게 뭘까

제3장 인스턴트와 콘스텐트

제4장 열매는 씨앗을 품고 있다

제1장

인생 지도 책으로 그리다

씨앗 고르기

농사를 지을 때 겨울은 쉬는 기간이 아니다.
봄에 씨앗을 심기 위해 준비를 하는 과정이다.
좋은 열매를 맺기 위해 좋은 씨앗을 고르고,
그중에서 더 좋은 씨앗을 또다시 고르는 작업을 거쳐야만 한다.
현재 자신의 위치에서 변화를 원한다면
씨앗을 선별하는 작업이 필요하다.
자신이 가지고 있는 씨앗 중 어떤 종류의 열매를 맺고 싶은지
고민을 해보고 씨앗을 골라야 한다.

Reading & Writing

01

변화와 성과를 위하여

시각장애인이며 정무직공무원, 교수, 미국 백악관(정책차관보), 피츠버그 대학교대학원 철학 박사, 2008년 국제로터리 인권상, 2006년 미국 루스벨트 재단 선정 127인의 공로자, 바로 강영우 박사의 이야기이다.

그는 〈우리가 오르지 못할 산은 없다〉에서 남다른 노력을 했음을 보여주고 있다.

책을 읽으며 성과를 나타낼 수 있는 게 무엇이 있을까? 고민해 보니 책과 강의였다. 처음부터 의도했던 건 아니지만 시간이 지날수록 남들보다 조금 더 오래했던 것과 지치지 않고 할 수 있는 것에 대한 막연한 생각이 조금씩 구체화되기 시작했다.

평생 손해나지 않는 일은 지혜를 쌓는 것이라고 했다. 지혜의 내면에는 지식이 들어 있다. 지식은 사람에게서 구할 수도 있고 책에서 구하는 방법도 있는데 책 역시 사람이라고 생각한다. 만날 수 없는 사람을 만날 수도 있고 미래가 정확하지 않지만 바라볼 수 있는 힘을 가질 수 있는 것도 책 속에 있다. 그래서 다른 것보다 독서를 가장 좋아하게 된 것 같다.

직장생활을 하며 언젠간 울타리 밖 세상을 향해 나가야 하는데 참 막막했다. 너무도 평범한 삶을 살았다. '지금 당장 세상에 던져진다면 과연 살아남을 수 있을까.'라는 질문을 나 자신에게 던져보았다. 먼저 직장에서 나간 선배들이 공통적으로 하는 말은 "최대한 오래 버텨라."였다. 정말 세상이 거센 풍랑과 같다. 원하든 원하지 않든 특정시기가 되면 직장에서 나가야 한다.

위기감을 가지고 경제적 자유를 이루기 위해 무엇을 해야 하는지를 고민했다. 멘토 두 분을 만나고 시작된 독서를 통한 필자의 사명과 장단점, 평생 하고픈 일을 찾았다.

책은 지금까지 내가 경험하지 못한 세계를 보여주었다. 집에 있는 모든 책을 다 읽기 시작했다. 그런데 희한한 것이 읽을수록 책의 갈증이 나기 시작했다.

그리하여 2009년도에 읽은 책이 300권이었다. 책을 읽기 시작하니까 파이를 안쪽에서부터 파먹는 느낌이 들었다. 점점 먹을수록 커다란 원이 생겼다. 3개월 동안 300권을 읽을 수 있었던 건 속독을 배움으로써 가능했다.

'포커스리딩' 박성후 대표에게 강의를 듣기 전 속독에 갈급해 있었다. 책을 읽기 시작하자 사들이는 양이 많아지기 시작했고 쌓이는 책을 감당할 수 없게 되었다. 차곡차곡 쌓이는 책들을 밀리지 않고 다 읽을 수 있는 방법을 고민하기 시작했다. 나름대로 해결방법을 찾았다. 속독에 관련한 책들을 사들이고 열심히 실천을 해보았다. 하지만 혼자서는 너무 힘들었다. 이론은 될 것 같은데 실전이 쉽지 않았다. 이후 '포커스리딩' 강의를 듣고 책을 읽는 것이 획기적으로 빨라졌다. 하지만 습관이 되기 전까지 원래의 속도로 되돌아오는 현상이 발생했다. 그래서 6개월 동안 똑같은 강의를 반복해서 6번 들었다. 결과는 책 읽는 속도에 관련해 자유롭게 되었다.

'성공을 바인딩하라' 강규형 대표의 3P Binder 교육을 받고 체계적인 독서가 시작되었다. E-land에서 독서경영을 최초로 성공시킨 노하우를 아낌없이 전수해 주셨다. 원뿌리가 되는 책들을 소개해주시고 당신이 가진 것을 아낌없이 나누어 주셨다. 그리하여 독서클럽을 만들기 시작했다. 전국에 십만 개를 만들자는 목표로 시작하였다. 처음에는 10-15명이 시작했는데 지금은 매주 토요일 양재 문정동에서 60-90명 정도 모인다.

인생의 지도를 그리다

평범한 사람이 가시적인 성과를 거두기 위해서는 최소한 3년 정도의 시간이 걸리는 것 같다. 3년은 1,000일이 약간 넘는데 이 책이 탄생한 시간도 3년이 조금 더 걸린 것 같다. 체계적으로 무엇인가를 이루기 위해서는 계획이 있어야 하고, 평생 무엇으로 살아갈지 인생의 지도를 그려 보고 실천하기 위한 노력을 기울이는 게 필요하다.

현재 자신의 위치를 살펴라

자신의 장단점, 재능 등을 파악해야 한다. 지금 내가 하고 있는 일에 재능이 있고 열정을 다하고 있는가? 자기 자신에게 질문해 보기 바란다. 만약 변하고 싶은 이유가 명확하지 않다면 스스로 절박함을 만들거나 내면에 숨어 있는 결핍을 끄집어내야 한다. 필자의 결핍은 상업고등학교를 졸업했다는 것이다. 이 결핍은 스스로 노력해야 하거나 동기부여를 할 때 사용된다. 과거의 변하지 않는 사실이나 작은 키 등 자신이 가지고 있는 결핍을 찾으면 된다. 나폴레옹이나 역대의 예술가, 왕들도 모두 결핍이 있었다.

작은 목표를 정하라

필자는 매일 실천할 세 가지 목표가 있다. 첫째, 반드시 아침 기상시간은 동일하게 지킨다.

둘째, 명상시간Q. T : Quiet time을 가지고 하루를 시작한다.

셋째, 운동을 하여 체력을 유지한다. 물론 지금도 하고 있고 앞으로도 계속 유지할 것이다.

목표는 이정표와 같다. 우리가 바라보고 갈 수 있는 이정표가 없다면 확신이 서지 않아 지속성을 유지하기 힘들다.

기본 가치관을 만들어라

일을 추진함에 있어 일관성이 없으면 신뢰가 떨어지게 된다. 말과 행동이 일치하기 위해서는 가치관을 찾아야 한다. 가치관은 타협을 해서는 안 되며, 희생이 따르더라도 감수해야 할 몫으로 의미가 있어야 한다. 누구에게나 존경과 칭찬을 받을 수 있는 가치 있는 일은 지혜를 나누어 주는 일이다. 많이 알아서가 아니라 먼저 배운 것을 진심을 다해 나누어 주는 것이다.

큰 그림을 그리기 위해서는 시간과 노력이 필요하다. 하지만 가치를 찾고 남을 돕기 위해 기량을 쌓다 보면 삶도 풍요로워진다. 이것이 성공의 그림이 아닐까? 명예와 돈은 그런 사람에게 주어지는 선물이라고 생각한다.

일 년 1,000권에 도전하다

2010년 필자의 목표는 1,000권이었다. 일 년에 50권도 읽기 힘들어하던 내가 과연 가능할까? 여러 가지 어려움이 있었지만 2010년 연말에 1,003권의 책을 읽었다. 2009년 3개월 동안 300권을 읽게 되자 약간의 자신감이 생겼다. 목표가 참 무서운 것 같다. 종이 위에 쓰고 구체적으로 실천할 방법을 생각하고 실행하면 이루어진다. 목표가 없거나 방법을 몰라 실천해본 적이 없다면 그걸 아는 전문가를 찾아가면 된다.

독서는 단순히 책을 읽는 행위만이 아니다. 모든 행동과 삶의 지표를 찾을 수 있는 길이 들어 있는 것 같다. 길을 찾고 나의 길을 찾았으면 실천하면 되는 것이다. 가보지 않는 미지의 세계를 탐험할 수 있는 지도들이 책 속에 들어 있다. 훌륭히 성공한 케이스부터 세계적으로 최고가 된 이야기까지 많은 사람들이 자신의 노하우를 녹여 놓았다.

우리가 책을 읽는 이유는 단순히 교양을 위해서 읽기보다는 한 단계 발전한 전문분야를 만드는 데 초점을 두고 읽었으면 한다. 많은 분야의 지식을 조금씩 알아도 좋겠지만 자신의 전문분야가 없으면, 에너지 소모만 많을 뿐 성과를 이룰 수 없다.

전문가가 되기 위해서는 먼저 자신이 필요한 분야의 책을 집중적으로 읽어 깊이를 만드는 작업을 해야 한다. 한 분야의 책을 50

권 정도 읽으면 논문이나 책을 쓸 정도의 지식이 쌓이고, 150권을 읽으면 그 분야의 대가가 되고, 250권을 읽으면 대한민국 최고, 350권을 읽으면 세계최고가 될 수 있다고 브라이언트레시는 말하고 있다.

350권이면 크기에 따라 다르긴 하지만 5단 책장이 꽉 찬다. 이 정도의 책을 읽게 되면 머릿속에도 책장이 만들어진다. 또한 자기 분야의 지식들이 차곡차곡 쌓인다. 웬만한 전문가들과 이야기를 하더라도 밀리지 않는다. 머릿속에 들어간 책들의 조합으로 새로운 생각이 탄생하게 되고 응용을 할 수 있게 된다.

자신만의 전문분야가 구축되면 다른 어떤 책을 읽더라도 자신의 분야로 풀어 낼 수 있게 된다. 예를 들어 다이어트에 대가가 되면 철학책을 읽어도, 소설책을 읽어도, 경영학 서적을 읽어도, 모두 다이어트로 풀어 낼 수가 있다. 처음에는 지식을 쌓기 위해 노력을 하지만 전문영역이 구축되면 책을 쓰거나 강의도 할 수 있게 된다. 조금 더 확장을 하여 컨설팅까지 한다면 업을 찾았다고 볼 수 있다. 이렇게 도미노처럼 전문 영역을 구축하는 작업을 하기 위해서 스스로 고민해 보아야 한다. 시간과 노력을 투자해서 읽고 지식의 깊이를 확장하다 보면 지혜를 가질 수 있는 텃밭이 만들어진다. 또한 한 영역의 정통을 찾게 되어 다른 분야와도 통하게 된다.

어떤 일에 성과가 나타나지 않을 때는 콩나물 키우기에 비유를 많이 한다. 콩나물 콩을 시루에 넣고 물을 부으면 모두 빠져나가는 것 같지만 콩나물이 쑥쑥 자란다. 이렇듯 더디게 보이지만 서서히 성과가 나타나는 게 독서가 아닐까 생각한다.

독서를 하며 느끼는 것 중 하나가 “효과가 바로 눈에 보이지 않는다.”이다. 하여 우선순위에서 밀리는 경우가 많다. 먹는 것과 책을 읽는 것을 보았을 때 매일 해야 한다는 공통점이 있지만 효용은 많은 차이가 난다. 배부름은 먹은 후에 바로 포만감을 느끼지만, 독서의 효용은 몸으로 쉽게 느껴지지 않는다. 그런데 효용은 반대의 결과가 나타난다. 금방 포만감을 느낀 배부름은 쉽게 꺼지지만 독서의 효용은 평생 간다.

멘토의 사명 중 “(Non Sibi=Not for self), 나 자신을 위해서가 아닌”이라는 글귀가 생각난다. 변화와 성과는 나로부터 비롯되지만 나 자신을 위해서보다는 가족과 이웃 나아가 국가와 인류에게 공헌할 수 있도록 “그럼에도 불구하고” 노력과 실천이 필요하다.

02

내 인생 최대의 도전

3,000권 세상을 보는 눈

사람이 평생 읽을 수 있는 책의 양은 한정되어 있다. 그래서 반드시 읽어야 할 필독서를 잘 선별하는 것이 중요하다.

세상을 보는 눈이란 무엇일까. 종교와 철학자들이 지식을 축적하고 깊이 사색하며 자신의 가치관과 인간의 삶을 초월하는 그래서 우리가 말하는 진리에 도달했을 때 세상을 보는 눈이 생기는 것 같다.

세계 4대 성인은 자신들이 자서전을 쓴 적이 없다. 하지만 그들의 말엔 진리가 담겨 있다. 보통의 인간이 생각하지 못하는 뭔가를 깨우치기 위해서는 깊이가 필요하다고 생각한다. 인간의 희 · 노 · 애 · 락을 초월한 사랑, 자비 등이 아닐까 생각해본다.

치우침이 없이 세상을 본다는 것은 여러 가지 다방면의 눈을 가지면 가능할 것 같다. 다방면의 눈을 가지기 위해선 지식과 정보가 밑바탕에 깔려야 한다. 책이나 인터넷에서 얻은 정보나 지식을 그대로 받아들이기보다는 내 나름의 생각과 비교 분석하면서 '왜?'라는 의문점을 가지고 접근하다 보면 다양한 분야의 눈이 생기는 것 같다.

3,000권은 내 인생의 길라잡이라고 보면 좋을 것 같다. 십진분류법에 의해 30가지 종류의 분야에 100권씩 책을 읽는다는 기준으로 잡았다. 내가 진정으로 좋아하고 잘할 수 있는 게 무엇인지 내 자신이 어떤 강점과 장점, 단점과 약점을 가졌는지 파악이 안 된다면 먼저 내 자신을 분석하는 책과 자료부터 구하고 읽어보면 좋을 듯하다.

기간은 자신이 선정하면 될 것 같다. 참고로 1주일에 한 권씩 읽는다면 1년에 52권을 읽을 수 있다. 3,000권을 모두 읽으려면 60년이 걸린다. 그러므로 기간선정은 최대 3년 이내로 줄여서 실천해보면 좋을 것 같다. 평생 업만 찾다가 생을 마감할 수는 없으므로 적절한 기간선정이 중요한 것 같다.

짧은 시간에 어떻게 그 많은 책을 다 읽을 수 있을까? 처음에는 한 권을 읽는데 한 달도 걸리고 두 달도 걸릴 수 있다. 책을 빠르게 읽으려고 노력하다 보면 시간이 조금씩 줄어든다. 일주일에 한 시간씩 투자하면 아무리 느림보더라도 한 권은 읽을 수 있다고 브라이언 트레이시는 말하고 있다.

3,000권을 읽기 위해서는 나 자신의 목표와 기준이 세워져야 가능하다. 전체를 다 읽으려고 하면 안 된다. 뼈대부터 잡아야 한다. 물고기의 뼈대를 생각해보자. 굵은 뼈 사이로 잔가시들이 있다. 그 위에 살이 붙어 있다. 마찬가지로 3,000권의 굵은 뼈대를 세우고 잔가시 하나하나를 만들어 나가는 작업을 먼저 해봐야 한다.

계획을 세웠다고 그대로 다 이루어지지는 않는다. 하지만 큰 그림을 그리는 노력을 기울여야만 사고의 확장이 일어난다. 바로 자신의 인생 설계를 해보는 것이다. 굵은 가시는 끊임없는 원동력이 되는 사명과 비전에 관련한 책을 선정하고 나머지 잔가시들은 실천할 수 있는 실용서로 채택하는 게 좋다.

인생의 동반자

필자의 차 속, 책상 위, 가방 속에는 언제나 책이 들어 있다. 강의 전에도 책을 들고 다닌다. 여행을 갈 때도 조금 무겁긴 하지만 여러 권의 책을 꼭 챙기는 편이다. 항상 내가 읽을 수 있는 양보다 1-2권, 때론 읽고 싶은 책을 전부 가지고 다닌다. 많이 가지고 다닐 때는 책가방을 별도로 가지고 다녔는데 30권씩 가지고 다닌 적이 있다. 가방에 많은 양을 쑤셔 넣어 가방 끝부분 실이 항상 먼저 터져나가거나 지퍼가 망가졌다. 위편삼절韋編三絕이 아니라 다책多冊으로 인한 가방을 1년 새 3개나 바꿨다.

책을 가지고 다니는 게 습관이 된 후로는 없으면 허전하고 행여 놓고 오기라도 하면 불안한 감정이 생긴다. 여행을 가다가 휴게소에 들르면 항상 화장실을 다녀온 후 책 가판대 앞에 서 있는 내 모습을 발견하곤 한다. 기업을 방문하거나 누구를 만나거나 다른 집에 방문했을 때도 서재 앞에서 서성거리는 내 모습을 자주 목격한다.

약속시간에 조금 일찍 가서 기다릴 때 책을 읽는 맛이 쏠쏠하다. 집중도 잘되는데 책을 좋아하는 사람은 상대방을 기다릴 때 지루하지 않다. 요즘은 무거운 책보다 스마트폰 속의 책을 이용하기도 한다. 아직까지 원하는 책들이 모두 있지 않지만 그래도 최근 책들은 거의 모두 전자책으로 같이 출판된다.

가끔 아내의 잔소리가 들리기도 한다. 집에 오면 방에 틀어박혀서 책만 읽고 있다고 면박을 주기도 하지만 필자의 가장 큰 후원자이자 동반자는 아내다. 세상에 있는 슈퍼우먼들 중 하나인 아내는 직장에 다니며 집안은 물론 아이들의 뒷바라지까지 상상도 못 할 일들을 말없이 해주고 있다. 늘 감사하고 고맙다.

친구들이나 동료들이 엉뚱한 곳에서 책을 읽고 있으면 구박을 많이 했는데 어느 정도 시간이 흘러도 꾸준한 모습을 보여주자 동참을 하기도 하고 구박이 칭찬으로 변하기 시작했다. 아마 그들도 책을 읽으면 생기는 마음의 안정감과 편안함을 느낀 것 같다.

루어 낚시에서는 낚싯대, 낚싯줄, 릴, 루어가 기본 장비에 꼭 들어간다. 나는 쏘가리 낚시를 즐겨하는데 전국을 떠돌아다니며 강계를 찾아다닌다. 녀석들과 심리싸움이 묘한 경쟁심을 만들기도 하고 오랜 기다림 끝에 녀석을 이겼을 때 물속에서 꿈틀대며 펄떡이는 쾌감이 정말 짜릿하다. 하지만 낚시에 필요한 기본 장비 중 하나만 빠져도 낚시 자체를 할 수 없게 된다.

책은 나에게 또 다른 낚시장비와 같다. 늘 갈급하고 지치지 않는 열정을 만들어주며 읽고 있는 동안에는 잡념이 사라지고 편안함이 공존한다. 회사에서의 바쁜 일상과 스트레스를 책을 읽으면서 잠시 내려두고 진실과 내면의 깊은 안정을 꺼내고 시들었던 열정을 되찾을 수 있어서 좋다.

책이 주는 4가지 선물

읽는 기쁨

읽는 기쁨은 몰랐던 것을 알아가는 재미에서 오는 것 같다. 미지의 세계에 첫발을 들여 놓는 순간 설렘과 굳었던 뇌를 자극하며 쾌감이 자꾸 책에 빠져들 수밖에 없게 만든다. 책은 정보가 보기 좋게 배열이 되어 있다. 하여 별도의 노력 없이 읽는 것만으로도 우리의 삶에 자양분이 된다.

구입하는 기쁨

책을 구매하기 전에 먼저 내가 필요한 책인가를 확인한다. 책은 나를 위해 읽는 것이기 때문에 내게 도움이 안 될 것 같은 책은 안 보면 된다. 마음에 드는 책을 골라서 구매를 하면 된다. 기준을 정하자면 나에게 필요한 책을 선정하고 시간을 투자해서 정보를 최대한 활용할 수 있는 책을 구매해야 한다. 책이 절판되거나 구매를 할 수 없는 경우가 생기면 책의 가치는 더욱 올라가고 귀해진다. 소장했다는 것만으로도 뿌듯해진다. 실제로 중고서점 사이트를 보면 절판된 책이 3-5배 비싸게 팔리는 경우가 많다. 시간이 흐를수록 가격은 더욱 상승하게 된다.

쌓이는 기쁨

책이 몇 권 안 될 때는 모르는 풍요로움을 누릴 수 있게 만드는 것이 쌓이는 기쁨이다.

책을 볼 때마다 마음이 뿌듯해진다. 한편 조급함도 이때부터 생기기 시작한다. 저 녀석들을 어떻게 해치울까 고민이 시작되는 시기다. 아무리 노력을 해도 책을 읽는 맛을 알게 되면 읽는 속도보다 항상 쌓이는 속도가 빨라지게 된다. 이에, 책장을 구매하게 되고 책장을 사게 되면서부터 어떻게 정리를 할까 고민이 시작된다. 작가별로 할까? 가나다순으로 할까? 카테고리별로 할까? 이런 행복한 기쁨에 빠지게 된다. 또한 서재가 생기게 되면 또 다른 나의 뇌가 생겼다고 해도 과언이 아니다. 이 뇌는 내 머릿속의 내용들을 정리도 해주지만 새로운 생각을 샘솟게도 해준다. 내용을 잊었더라도 걱정할 필요가 없다. 책을 꺼내어 읽다 보면 다시금 기억이 재생되기 때문이다.

책을 읽으며 깨달음을 얻는 기쁨 역시 크다. 전체를 읽고 난 후 얻는 깨달음도 있지만, 내가 필요한 한 줄의 문장이나 내용이 있다면 그것으로도 책의 값어치는 충분히 했다고 본다.

감동의 즐거움

글을 읽는다는 것은 그 글을 쓴 사람의 인품과 만난다는 의미도 된다. 비록 작자가 어떤 대리인을 내세워 말을 하는 형식의 글이라 할지라도 작자의 숨결을 우리는 느낄 수 있다. 이처럼 독서란 위대한 인물과 만날 수 있는 대화의 장이 되는 것이다. 시를 통해서는 시인을 만날 수 있고, 수필을 통해서는 그 저자를 만나는 것이다. 소설을 읽을 때에는 소설 속에 등장하는 수많은 인물들을 만난다. 이런 만남을 통하여 우리는 여러 가지의 감동을 느끼는 것이다. 감동이 더해지면 즐거움이 쌓이게 되고 새로운 책이 늘 궁금해지기 시작한다.

03

세상이 열리고 미래가 보이다

사람들은 미래를 궁금해한다. 과거에 했던 일이 현재 하고 있는 일이고 현재에 하는 일이 미래로 이어질 가능성이 높다. 미래를 미리 알 수 있다면 아니 바꿀 수 있다면 현재의 시간을 허투루 사용할 수 없을 것이다. 미래를 바꿀 수 있는 방법은 자신의 노력과 의지가 중요하고 책을 통하면 조금 더 쉽고 정확하게 목적을 찾을 수도 있고 목표가 분명해진다.

책은 시공을 뛰어넘을 수 있는 마력이 있거니와 소크라테스, 공자 ,플라톤 등 그들과 책을 통해 생각의 교류와 지식을 습득할 수 있다. 또한 워렌버핏의 주식투자방법이나 경영의 구루인 게리헤멀의 컨설팅을 받을 수 있고 월마트 샘월튼의 경영방법이나 〈태백산맥〉의 저자 조정래 작가의 주옥같은 글쓰기 과정과 에피소드들까지 모두 책을 통해 얻을 수 있다.

게리헤멀의 강연료는 시간당 1억이다. 그를 직접 만나 컨설팅을 받는다고 할 때 지불해야 할 비용과 정해진 시간 안에 배울 수 있는 이야기에는 한계가 있다. 최고의 전문가를 만나기도 힘들지만 그들에게 지불할 비용과 시간이 있는 사람은 극히 드물다. 반대로 돈과 여유가 있더라도 그들의 스케줄 때문에 만나지 못하는 경우도 생길 것이다. 더군다나 이미 이 세상 사람이 아니라면 돈과 시간으로 모실 수조차 없다. 이에 비하면 책을 통한 비용이나 시간절약은 파격적이라 할 수 있고 경제적 가치 또한 엄청나다.

미래의 보습을 보고 싶다면 내가 하고 싶은 분야에서 성공한 사람의 책을 읽으면 된다. 그의 생각, 행동기법, 시대적 상황 등을 고려한 노하우 등을 분석해 자신에게 적용해 보는 것이다. 그들이 성공하기 위해 무엇을 준비하고 여러 가지 고난을 이겨낸 방법 등을 연구해보면 성공할 확률이 매우 높아진다. 시간이 흐르면 지식은 점점 잊히고 정보는 쓸모가 없어진다. 그러나 내 몸에 익혀진 책 속의 주옥같은 노하우와 지식들은 필요할 때 써먹을 수 있다.

결국 미래를 본다는 것은 시대를 앞선 이들의 삶에서 현재의 해답을 찾는 것이다. 책에서 길을 찾고 묵은 먼지를 털어내듯 스스로의 삶을 재정비하는 것이다. 어떤 분야든 자기 분야에서 인정받은 사람들의 공통점은 엄청난 다독多讀가이며 책 속의 수많은 인물들을 자기 것으로 소화했다는 것이다. 미래를 결정짓는 것은 창조가 필수적이지만, 창조의 모태는 모방을 잉태하지 않고 나오기는 어렵다. 책 속의 지혜로운 이들을 만나 그들의 성공비결을 찾아가는 실마리를 어떻게 풀어 나가느냐에 따라 개인의 삶은 새로운 방향으로 설정될 것이다.

책 속에 숨은 성공한 사례 중 아무것도 없는 상태에서 시작한 경우는 극히 드물다. 기존의 정석에서 고치고 새로운 것을 추가하여 개량한 것들이다. 페이스북의 공동설립자인 마크 엘리엇 저커버그Mark Elliot Zuckerberg나 김연아처럼 한 분야에서 세계 최고가 되는 것은 쉽지 않다. 반드시 일정기간 동안 지식과 역량을 집중적으로 갈고 닦는 시간이 있었다.

프로가 된다는 것은 상당한 시간과 노력이 필요하다. 하지만 몇 년이 걸리더라도 자신만의 희소가치를 창출하기 위해서는 김치를 숙성하여 맛을 더하듯 숙성과정을 거쳐야만 한다. 반대로 숙성만 너무 오래 하다 보면 기회를 놓치거나 시대에 맞지 않을 수도 있다. 최대한 선택과 집중을 하여 시간낭비를 줄여야 하는데, 성공한 사람들의 성공전략을 적용하는 것이 효율적인 방법이다.

누구를 막론하고 아무리 타고난 능력과 수많은 경험을 했더라도 세상의 모든 것을 알 수는 없다. 시간과 공간의 한계가 있기 때문이다. 하지만 책 속에서는 가능한 일이다. 한 권의 책이 탄생하기 위해서는 저자의 경험과 생각, 자라온 환경이나 철학들이 고스란히 녹아 있다. 또한 주옥같은 책들과 인용했던 책들의 내공이 들어 있다.

우리는 이를 잘 활용하면 된다. 그러나 책을 많이 읽는다고 모두 프로가 되지 않는다. 프로가 되기 위해서는 책 속의 노하우와 지혜를 내 것으로 만드는 과정을 반드시 거쳐야 한다. 아마추어에서 프로가 되는 지름길이 책 속에 있고 미래를 보는 방법 역시 현재 무슨 책을 읽느냐에 따라 결정된다.

원인이 있어야 결과가 있고 투자가 있어야 수익도 있다. 지혜를 얻기 위해선 필요한 과정이 있어야 하고, 생명의 탄생은 출산의 고통이 있어야 한다. 청명한 공기와 맑은 물을 원한다면 깊은 산속의 불편함을 감수해야 하고, 편안한 휴식을 취하기 위해서는 땀 흘리는 노동이 있어야 한다. 우리는 늘 매번 선택의 기로에 선다. 선택과 집중을 통해 끊임없는 도전과 노력을 해야만 미래를 볼 수 있는 혜안이 생긴다.

멘토를 찾아서

멘토란mentor

고대 그리스 오디세우스 왕이 트로이 전쟁을 떠나며 멘토라는 친구에게 자신의 아들을 보살펴달라고 한데에서 유래하였고, 지혜와 신뢰로 인생을 꾸준히 이끌어주는 후견인의 의미로 쓰인다.

책에서 멘토 찾기

세계 제2위의 경제 대국을 이룬 중국은 청 왕조를 이끌었던 강희제를 재조명하고 있다. 그리하여 장쩌민, 후진타오, 시진핑 주석은 그의 행적과 기록을 추적하며 배우려는 노력을 기울이고 있다.

만주족 출신의 강희제는 15만 명이 1억 5천만 명을 리드해야 하는 상황에서 탁월하게 기반을 마련하고 이끌었다. 그는 61년 동안 청 왕조를 이끈 사람이다. 강희제는 책을 보다가 피를 토했다는 기록이 있을 정도로 학구열이 높았고 끊임없는 탐구로 문화적 바탕의 전성기를 이루어 냈다. 또한 주자학, 수학, 자연과학과 4만 9천 자의 '강희사전'을 편찬했고, 중국어의 기반을 다졌다. 특히 소림사의 현판을 쓸 정도로 달필이었으며 천문학, 지도제작, 광학, 의학, 대수학에도 관심이 많았다.

또한 예수회 선교사들과 교섭하며 공학, 의학, 예술, 물리학, 천문학을 발전시키고 프랑스와 포르투갈의 선교사들에게는 수학을 배웠다. 그는 넓은 시야로 한편에는 사서오경을 다른 편에는 고전과 외국어를 가지고 계몽에 힘썼다. 모든 부모가 그렇듯 자녀의 교육에도 힘썼고 경학, 사학, 문학, 산술, 기하, 천문, 역학 등을 하며 학식을 넓히도록 하였고, 기마, 활쏘기, 수영, 사냥 등으로 체력을 강화시켰다. 뿐만 아니라 서화, 음악 등으로 정서를 함양시키는가 하면 지방을 다니며 현지사정과 전쟁에 직접 참여하게 하여 현실 감각을 익히도록 했다.

1661~1722년대의 한 인물의 역사를 재조명하고 멘토로 삼을 수 있는 것은 책이 있었기에 가능하다. 그래서 책을 대할 때는 마음을 열고 읽어야 마음도 함께 움직인다. 또한 목적을 가지고 읽어야만

깊이 있게 읽을 수 있다.

책은 안개 속의 목표를 선명하게 해주고 느슨해진 정신을 명료하게 만들어주는 길라잡이 역할을 한다.

책을 통한 멘토를 정할 때는 허락을 받거나 동의를 구할 필요가 없다. 고대의 철학자부터 현재의 경제학자 심지어 무덤에 있는 사람일지라도 가능하다.

현실에서 멘토를 찾는 방법

이는 책과는 조금 다르게 접근해야 한다. 가장 먼저 누구를 멘토로 삼아야 할까 기준을 정해야 한다.

첫째, 말과 행동이 일치하는 사람이어야 한다.

지식이 풍부하여 말은 청산유수지만 행동과 일치하지 않는 사람은 피해야 한다.

둘째, 보이지 않는 선을 베푸는 사람이면 좋다.

섬김의 끝은 타인이 일을 하면서 본인이 모든 일을 한 것처럼 알 수 없도록 배려해 주는 것이라고 한다.

셋째, 성실과 지속적인 추진력이 있는 사람을 찾아야 한다.

일을 추진함에 있어 수많은 고난과 역경에 처하더라도 흔들리지 않고 밀고 나갈 힘이 있어야 한다.

넷째, 가정에 충실하고 건강을 유지하는 사람이어야 한다.

성공한 사람 중 가정이 파괴되거나 건강을 잃었다면 제대로 된 성공이라고 볼 수 없다.

다섯째, 올바른 종교관이 있어야 한다.

인간의 나약함은 언제나 한계를 드러내기 마련이다. 이때 종교가 필요한데 잘못된 신앙이 많은 사람을 위험에 빠트릴 수 있다.

필자는 강연을 듣거나 교육을 받고 나면 강의를 했던 분들과 사진을 찍는다. 몇 가지 의미가 있는데, 지식을 나누어 준 것에 대한 감사함과 언젠가는 그분과 같이 되고 싶다는 염원이 담겨 있다. 또한 일을 진행하며 벽에 부딪힐 때 사진을 꺼내보며 마음을 다진다.

급변하는 시대에 삶의 방향과 지혜를 찾기 위해서 노력을 해야 하는데 수많은 시행착오를 줄일 수 있는 방법과 조언을 구할 수 있다. 책에서는 일방적인 짝사랑을 해야 하는 반면 현실의 멘토와는 직접적인 질문을 통하여 답을 구할 수 있다. 혼자 계획하고 준비하고 노력하면 실패할 확률이 높은 반면 멘토에게 조언을 구하면 지름길을 알려주기도 한다.

책이나 현실에서 멘토를 찾고 그들을 목표로 삼아 노력을 한다면 이루고자 하는 목적을 조금 더 빠르게 달성할 수 있다. 한적한 시골의 밤하늘에 수놓인 별들을 바라보면 가장 빛나는 별이 북극성이다. 북극성은 예로부터 길라잡이 역할을 했다. 어두운 밤에 길을 잃지 않기 위해서는 북극성이 필요하듯 인생에 멘토는 북극성 역할을 한다.

05

1,000권 읽기 노하우

과유불급過猶不及이란 말이 있듯이 독서의 효용도 중요하지만 너무 무리한 계획을 세우고 도전하면 독서에 부담을 느끼고 책을 멀리하게 되는 결과를 낳을 수 있다. 우리는 일 년에 열 권의 책도 읽을까 말까 한데, 한국고전 "추회부"라는 시에서 김일손은 "만 권 책 다 못 읽고破萬卷之未了"라는 문구에서 자신이 독서의 미진함을 후회했다고 한다.

한국고전에 보면 독서에 대한 좋은 점만을 이야기하고 있지는 않다. "동국이상국집"에서 이규보는 천 권 이상 독서했지만 동전 한 닢이 없음을 한탄했고, 다산 정약용 역시 "자면서"라는 시에서 천 권의 책을 읽었지만 배고픔도 면하지 못함을 이야기하고 있다.

독서를 많이 했다고 해서 꼭 성공한다는 보장은 없다. 성공한 사람들의 대부분은 책을 기본바탕으로 발판을 마련했지만 단순히 재미만 좇아 문자가 머릿속을 한 번 훑고 지나가는 그런 읽기만 한다면 독서가 필요 없을 것이다. 이런 경우 자칫 겉똑똑이가 되어 말만 앞세우는 사람이 되기 십상이다.

한 권에서 시작하여 여러 권을 동시에 섭렵하기

책을 읽다 보면 연관되는 책들이 있다. 책 속에서 책을 추천하는 경우도 있고 같은 종류의 책을 동시에 봐야 하는 경우도 생긴다. 특히 자료를 분석하거나 새로운 기획을 할 때 요긴하게 사용된다.

특히 자격증을 취득할 때 효과적인데 한 권을 분석하면서 보고 목차와 원리를 이해하고 문제를 풀면 쉽게 자격증을 취득할 수 있다. 기초를 다지지 않고 문제를 풀다 보면 변형된 문제를 풀 수 없게 된다.

일단 한 권을 독파한 후 다른 출판사나 같은 종류의 다른 책을 섭렵하는 게 중요하다. 문제유형이 출판사에 따라 난이도나 기출문제가 다르기 때문이다.

교통사고 감정사 시험을 볼 때의 일이다. 보험과 자동차 역학관계나 물리에 대해 전혀 관심이 없던 필자가 시험을 치르는데 두 번이나 낙방을 했다. 일 년에 한 번 시험이 있는데 한 번 떨어지면 일

년을 공부해야 한다. 자격증은 떨어질수록 비용과 시간을 투자해야 한다. 그래서 한 번에 붙는 게 최선이다.

시험은 개론을 비롯해 법에 이르기까지 4권의 책을 봐야 하는데 문제위주로 공부를 했다. 하지만 기초가 제대로 되지 않아서 번번이 실패를 했다. 그것도 아깝게 턱걸이에서 떨어졌다. 준비를 안일하게 한 까닭도 있었지만 떨어질 때마다 아쉬움이 컸다.

그리하여 원리를 터득하고 문제를 차근차근 다시 풀기 시작했다. 문제집 종류를 3종류를 놓고 문제를 분석하기 시작했다. 유형별, 난이도별 분류를 하고 어느 부분이 중요한지 파악을 하며 집중적으로 공부를 했다. 1차 이론은 2년간 유효해서 2번째는 실기만 보면 된다. 그런데 두 번 다 떨어져서 3번째 시험은 이론을 다시 봐야 했다.

드디어 시험당일이 되었다. 시험장의 분위기는 언제나 느끼지만 을씨년스럽고 칙칙한 느낌이 든다. 사람들이 담배를 초조하게 피우는 모습 또한 시험장의 한 단면을 보는 것 같다. 문제를 받아보자 아는 문제가 대부분이었다. 예감이 좋았다. 기본기를 탄탄히 하고 문제를 여러 번 풀었던 영향이었을까? 오전에 필기에 합격을 했다. 오후에 실기를 보는데 다행히 수월하게 문제를 풀 수 있었다. 결과는 합격이었다.

교통사고 감정사 합격을 하고 얼마 후 도로교통 안전공사에서 메시지가 와서 일자리 제의가 들어 왔다. 또한 경찰서 진급시험에 자격증은 가점이 부여된다고 알고 있다. 자격증 공부에서 같은 유형의 문제를 분류하여 체크해 두었다가 여러 권을 동시에 풀어보는 게 합격의 확률을 높이는 방법이다.

한 권의 책을 깊이 파고 여러 권을 동시에 보는 방법과 여러 권을 보고 다시 한 권을 깊게 보는 방법을 반복하다 보면 한 분야에 전문가가 될 수 있다. 처음 단계에서는 빠르게 많이 보는 게 중요하다. 기초지식이 필요하기 때문이다.

T자형 책 읽기

T자형 구조는 초보단계에서 활용하는 방법인데, 기초지식의 폭을 넓히기 위해 많은 양의 책을 읽고 양이 차면 깊이 있게 읽는 방식을 말한다.

1년 동안 50권을 목표로 한다. 책을 1년에 10권 이하로 읽었다면 본격적으로 읽기 위한 준비 작업이 필요하다. 최초 10권 읽기가 중요하다. 책을 오랫동안 읽지 않았다면 최소한 6개월 정도는 책

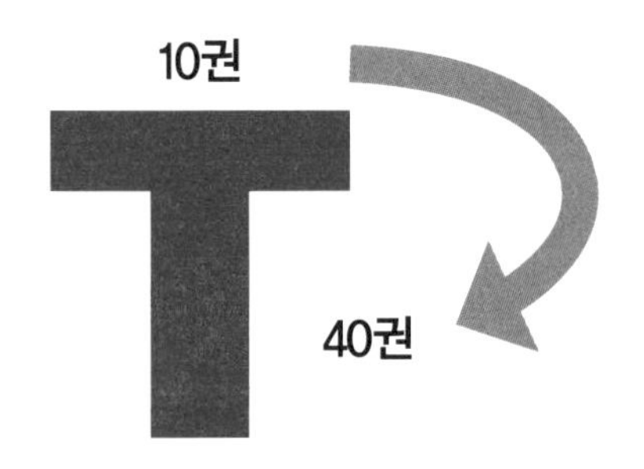

을 읽는 연습이 필요하다. 독서모임에서 실험한 결과를 보면 1권도 읽기 힘들었던 사람이 변하는 데까지 6개월 정도의 시간이 걸렸다.

I자형 책 읽기

I자형 구조는 기차선로의 레일구조다. 무거운 중량을 버티는 데는 I자형이 강하다. 일 년 동안 50권을 읽었다면 다음 목표는 일 년에 100권에서 350권에 도전하는 단계다. 350권을 읽게 되면 머릿속에 자신만의 지식 책장이 생기게 된다. 여러 가지 분야를 통섭할 수 있게 되고 자신만의 전문분야가 생기는 단계다.

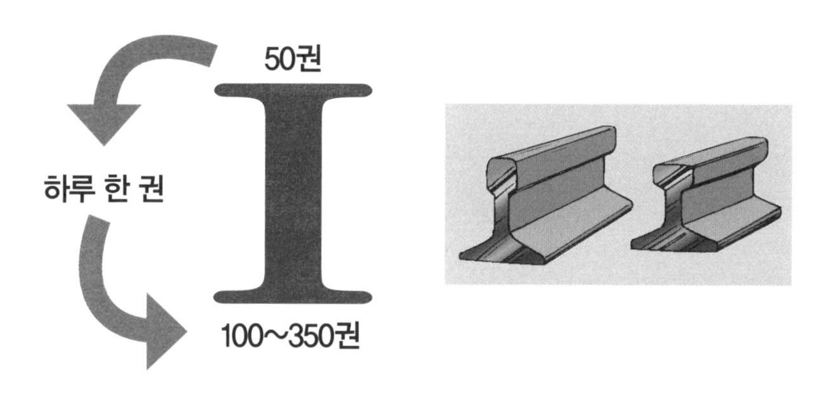

대나무형 책 읽기

대나무형 책 읽기는 I형 책 읽기에서 발전하여 중장기 목표를 설정하고 접근하는 방법이다. 3,000권의 책을 읽어야 겨우 세상을 보는 눈이 생긴다고 한다. 10년이면 강산도 변한다. 말콤 글래드

웰은 〈아웃라이어〉에서 10년의 법칙을 이야기한다. 모두들 다 알고 있듯 대나무는 땅속에서 5년 동안 아무 일도 일어나지 않다가 싹을 틔우고 6개월이면 20미터가 넘게 자란다. 독서도 마찬가지 결과가 도출된다.

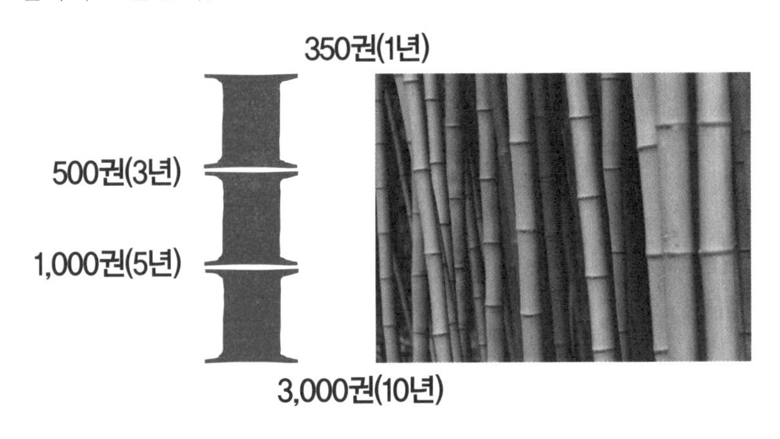

모든 일에는 순서가 있듯이 책 읽는 방법에도 순서가 있다. 책을 오랫동안 읽지 않은 사람에게 100권은 다른 나라 세상의 이야기다. 처음 10권의 시작이 중요하다. 천천히 시작하고 흥미로운 책으로 시작하여 책의 맛을 아는 게 중요하다.

시간이 지나면 읽는 속도보다 사들이는 속도가 빨라져 책이 하나둘 늘어나게 되고 속독의 필요성을 느끼게 된다. 여러 가지 방법을 모색해보고 연구해보면 자신에게 맞는 속독을 찾을 수 있을 것이다. 여러 권을 동시에 읽는 방법 역시 속독의 한 가지 방법일 뿐이다. 다시 한 번 강조하지만 자신만의 속독을 찾는 게 중요하다.

06

자신만의 속독을 찾자

내가 알고 싶은 분야의 책을 모두 읽는다

국회도서관이나 국립도서관, 대형서점 등 책이 많은 현장으로 가서 골라야 한다. 선별하지 않고 인터넷 검색으로 제목만 보고 찾아 구입을 하게 되면 후회하는 일이 발생한다. 검색하느라 시간 낭비, 잘못 구입하여 돈 낭비가 될 수 있다. 책을 읽는 원칙을 자신 스스로가 정하고 체계적으로 읽을 만한 책인가를 고민해야 한다. 특히 어떤 걸 어떻게 적용할 것인가를 고민하며 책을 고르면 도움이 된다.

먼저 자신이 원하는 주제가 있다면 정보 수집을 먼저하고 자료를 구하고, 관련된 책을 모두 본다는 생각으로 책을 고른 후 빠른 성과에 집착하기보다는 평생 꾸준히 진행한다는 생각으로 접근하면 스트레스도 덜 받고 마음이 조급하지 않아 원하는 책들을 골고루 제대로 볼 수 있게 된다.

선별한 책의 범위를 좁힌다

방대한 양의 책을 마음껏 골랐다면 속독으로 전체를 빠르게 훑어본 후 원뿌리를 찾는 작업을 한다. 원뿌리를 찾으면 곁가지의 책들은 버려도 된다. 예를 들어 독서법에 관련된 책들을 읽어보면 결국은 독서에도 기술이 필요하다는 것을 알 수 있다. 〈생각의 폭을 넓혀 주는 독서법〉을 읽어보면 이전에 〈독서의 기술〉이란 책을 찾을 수 있고 또다시 범위를 좁혀 보면 모티머 j. 애들러라는 작가에 도달하게 된다.

책은 세월이 흘러가며 현실에 맞게 조금씩 변화하며 진화한다. 그렇기 때문에 원뿌리를 찾는 작업을 해서 뿌리를 읽게 되면 뼈대를 세울 수 있어 튼튼한 생각의 나무로 자랄 수 있게 된다.

좁혀진 범위에서 골격이 되는 부분을 정리한다

정보자체를 가공하는 작업을 하면 기억에 오래 남는다. 참고자료와 정보를 모아 정리를 해야 한다. 강의도 듣고 전문화 과정을 실천해야 한다. 하지만 이러한 과정이 처음엔 쉽지 않다. 시작하려고 해도 무엇부터 해야 할지 막막하다.

먼저 책에 밑줄 긋는 연습부터 하면 된다. 밑줄 그은 부분들을 컴퓨터나 노트에 적어본다. 좋은 책을 만나면 엄청나게 많은 양을 필사해야 한다. 하지만 누구나 겪는 과정이다. 이렇게 필사를 하다 보면 시간도 많이 걸리고 손가락도 무척 아플 것이다. 그래도 그 속에서 작가가 숨겨놓은 의도가 파악되고 문장의 미려한 속내를 찾을 수 있다. 또한 내가 써보지 않은 단어와 문장들이 가슴에 새겨지기 시작한다. 이렇게 쌓인 단어와 문장들은 언젠가 써먹기 위해서 외우거나 별도로 모아두는 노력을 하게 된다. 아울러 쓰는 중간 중간 아이디어가 떠오르거나 강의에 인용하면 좋을 것 같은 깨달음이 생겨나게 된다. 이것 역시 별도로 모아 정리해 둔다.

여기까지 했다면 이제 실천을 해야 한다. 파워포인트로 정리를 하거나 이 책 저 책을 모아 컨셉트화해서 내 것으로 만드는 작업을 해야 한다. 시간도 많이 걸리고 생각도 두 배로 해야 하지만 이런 과정을 거치지 않고는 정리의 의미가 없다. 나아가 본인의 책을 쓰는 작업의 기초를 마련할 수 있다.

처음 할 일은 다독이다

평상시 책을 즐겨 읽지 않았다면 어려운 책보다는 만화나 신문, 게임에 관한 책도 좋다. 일단 자신이 관심을 가지고 있는 분야의 책부터 집어 들어야 쉽게 지치지 않는다.

TV나 게임을 하다가 곧바로 공부를 시작할 수 없다. 처음부터

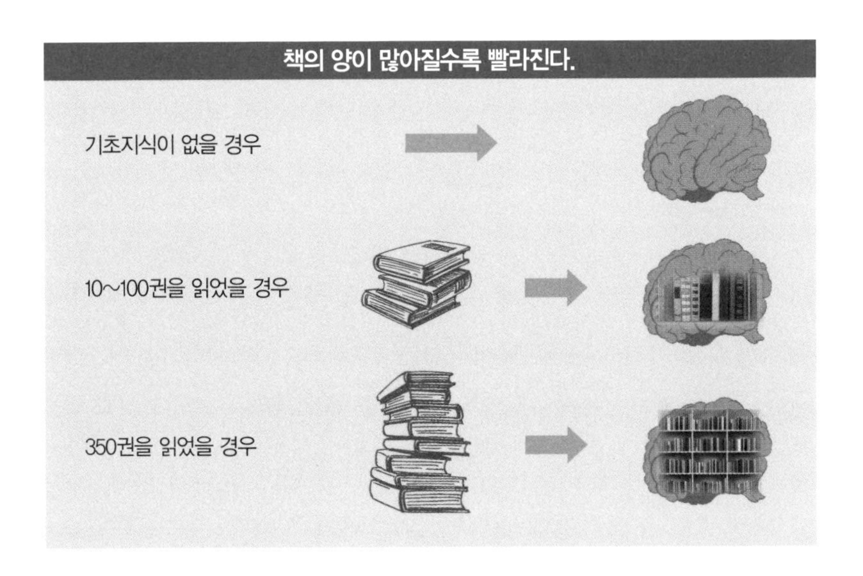

집중이 되지 않기 때문이다. 글이 눈에 들어오지 않고 이해가 되지 않더라도 책을 30분 정도 읽으면 마음이 정돈되고 집중이 되기 시작한다. 디지털에서 빠져나와서 책상에 앉아 있다고 절대로 곧바로 집중이 되지 않는다.

특히 운동을 하고 난 후라면 더욱 뇌에 안정을 취할 필요가 있다. 책을 볼 때 집중이 쉽게 되지 않을 때는 먼저 간단한 읽을거리를 찾아 읽은 후 시작하면 도움이 된다.

책을 읽으며 받아들이는 양이 많고 적음에 따라 생각의 폭이 결정되기 때문에 많이 읽는 게 우선되어야 하고 생각의 폭이 적으면 아무리 깊이를 더하려고 해도 한계가 정해지기 마련이다. 이에 따라 책의 양을 늘림으로써 생각의 폭을 넓히는 것이 지적 능력을 극대화하는 방법이다. 또한 독서는 빠르게 하는 것이 좋다. 천천히 읽으면 정보를 더 잘 받아들여질 거라 생각하지만 실상은 그렇지 않다.

이해력은 글 자체에 있는 게 아니라 의미를 파악하는 데서부터 비롯되며 순서가 뒤바뀐 글을 읽더라도 성인이라면 대부분 의미를 파악하며 읽을 수 있다. 글이 빨리 읽히지 않는 것은 한 자 한 자 모두 읽으려고 하고 소리를 내지는 않지만 속으로 따라 읽는 오래된 습관 때문이다.

다독의 필요성을 부정하는 말들이 많은데, 필자는 꼭 필요한 과정이라고 생각한다. 절대량이 응용과 발전의 기본이라고 생각하며 바탕이 없이 보탬이나 응용은 이루어질 수 없기 때문이다. 책을 10권 읽은 사람과 100권 읽은 사람은 사고의 폭이나 깊이가 분명 다르다.

또한 반복읽기가 중요한데 처음 책을 읽고 느낀 점과 10권을 읽고 다시 읽을 때의 느낌과 받아들이는 정보의 양이 다르다. 50권을 읽은 다음 다시 한 번 똑같은 책을 보게 되면 처음에 발견하지 못했던 부분이나 이해가 되지 않았던 부분이 풀리는 경우가 많다.

처음에 어려웠던 책이 내공이 쌓이기 시작하면 해득하는 데 도움이 되고 글로 써보면 더욱 공감이 가며 쓴 내용을 내 것으로 소화하여 실천을 해야 한다. 이는 다독이 바탕이 되어야 하며 여러 분야의 책을 읽으며 통섭이 이루어지기 시작하면서 더욱 빠르게 진행이 된다.

업무나 필요한 부분의 책을 깊게 읽다 보면 다른 분야에 지금 읽고 있는 내용을 적용하면 좋겠다는 생각이 들기 시작하고 꼬리에 꼬리를 무는 생각들이 아이디어로 연결된다. 나 같은 경우는 350권이 임계점이라고 생각한다. 생각의 확장과 머릿속의 도서관이 생기기 시작하는 시점이며 기본적으로 필요한 절대량이라고 생각한다.

나에게 맞는 게 최적이다

필자는 책을 읽으며 메모하고 책을 읽은 후 중간에 밑줄도 긋고 순간 떠오른 아이디어를 기록하며 책을 읽는다. 다 읽고 나면 컴퓨터로 기록을 해서 수정을 할 수 있도록 만들었다. 이 작업은 시간이 많이 걸린다. 책을 읽은 만큼의 시간이 또다시 소요된다.

책을 읽는 방법에는 여러 가지가 있지만, 나에게 맞는 방법이 가장 좋은 방법이다. 속독을 하면 책의 내용이 기억에 남지 않는다고 하는데, 밑줄을 그으며 기록을 해 놓으면 된다. 물론 모든 책이 통하는 것은 아니다. 또한 그럴 필요도 없지만 말이다.

사람이 100명이 있으면 100가지 독서법이 만들어진다. 책을 어느 정도(약 350권) 읽게 되면 자신만의 독서법이 생기게 된다. 남들의 말은 참고하고 내가 편하게 읽을 수 있고 기억을 잘할 수 있다면 그게 최고의 독서법이라고 할 수 있다.

책은 거듭해서 읽어야 한다. 한 번에 내용을 모두 숙지할 수 있다면 얼마나 좋을까? 하지만 한 번에 책의 내용을 완벽하게 숙지하는 것은 불가능에 가깝다. 책을 쓴 사람조차도 수백 번 반복을 하며 내용을 수정하는 작업을 거치게 된다. 하물며 책을 한 번 보고 안다는 것은 어불성설이다. 하지만 너무 어려워할 필요는 없다. 책은 필요에 의해서 보는 것이지 책에 얽매이기 위해서 보는 것은 아니기 때문이다. 그렇지만 조금 효과적으로 책을 보기 위해서는 주요개념에 밑줄을 그어가면서 정보를 습득하고, 한 권 한 권 쌓여가는 책들을 보며 나름대로 수집한 지식의 규모를 가늠해 볼 수 있게 된다.

책을 반복해서 봐야 하는 이유가 또 있는데 한 번 읽어서는 책 내용이 도무지 이해가 가지 않을 때가 있다. 그 이유는 나의 지식이 못 미쳐서 미처 보지 못한 부분이 생기기 때문이다. 또한 인식이 못 미쳐서 못 깨달았던 것이 생기게 마련이다. 하지만 반복읽기를 하게 되면 이런 것들을 어느 정도 방지할 수 있게 되고, 자신의 철학과 지혜를 구할 수 있게 된다.

책에는 수많은 비밀이 숨겨져 있는데, 책으로 문제를 해결하는 습관을 들이면 좋다. 어려운 점을 해결할 수 있을 뿐만 아니라 다른 사람의 사례를 통해 실수를 감소할 수 있게 되며, 문제 해결과 더불어 한결 발전된 방향을 제시해주는 경우가 많다.

책을 읽을 때 가장 먼저 제목을 보게 되는데 단순히 넘기지 말고 제목을 보며 왜 이렇게 지었을까 고민을 하며 유추하는 연습을 해야 한다. 가끔 가다가 전혀 맞지 않는 경우도 있지만 대부분의 경우 제목에서 책의 전체 내용을 가늠할 수 있게 된다. 책의 전체 내용을 한마디로 요약하면 책 제목이 된다. 책을 읽을 때는 주제가 무엇인지 파악을 해야 목적지를 찾아 갈 수 있다. 주제를 찾는 과정은 한눈에 파악이 되기도 하지만 대부분 글에 녹아져 있다. 구조가 조금 복잡한 책은 주제를 찾기 위해 한 번 더 생각을 해봐야 한다.

제목을 살펴보았다면, 다음은 목차를 보며 생각을 한다. 책의 뼈대는 목차다. 뼈대를 찬찬히 훑어보며 내용들을 음미해본다. 책장을 펼치고 프롤로그나 에필로그 책표지에 있는 내용을 읽어보며 책의 내용을 짐작한다. 목차를 만드는 사람의 입장에서 본다면 구조를 어떻게 할 것인가라는 고민을 하게 된다. '내가 과연 독자들에게 무엇을 전달할 수 있을 것인가? ' 곰곰이 생각하며 뼈대를 세울 것이다.

두꺼운 책일수록 내용이 간결하다. 작가 역시 두꺼운 책일수록 질리지 않게 하기 위하여 소제목과 도표와 그림들로 쉬어갈 공간을 마련해 놓는다. 소제목과 부연설명, 도표, 그림 등만 보고도 책의 핵심내용은 거의 다 뽑아 낼 수 있다. 내가 작가가 돼서 책을 써 본다면 소제목에 사례나 내용을 요약해서 한마디로 표현하려고 노력할 것이다. 부연설명은 소제목을 간단히 풀어 놓을 것이고, 도표나 그림은 한눈에 알아볼 수 있는 방법을 고민했을 것이다.

책 내용을 일일이 토씨 하나까지 끝까지 읽지 않으면 책을 다 읽은 게 아니라는 생각이 든다면 생각을 조금 변화를 줄 필요가 있다. 잘 버리고, 핵심내용을 파악하고 정리하면 기본적으로 책 읽기는 완성된다고 생각한다. 마지막으로 삶에 적용하고 실천을 한다면 책 한 권이 단순한 책이 아닌 인생의 길라잡이가 될 수도 있다. 우리는 크게 인식하지 않고 글을 읽지만 읽다 보면 어느 사이 책 속 주인공이 되어버리는 경우를 경험해보았을 것이다. 책을 완벽히 소화하는 것은 독자가 저자가 되어 읽는 것이다.

07

꼭 필요한 속독의 기술

독서는 스포츠와 닮은 점이 많다. 자연스럽게 체득되는 게 아니라 반복훈련을 지속해야 한다. 사고력의 바탕이 독서라고 말할 수 있다. 모든 활동의 기초가 되는 사고력은 독서를 통해 넓혀 나갈 수 있다. 사고력의 확장은 대화를 하거나 협상을 할 때 큰 힘이 발휘된다. 독서의 간접 경험이 긍정적인 힘을 길러줘서 은연중 발휘되기 때문이다. 감정조절이 잘 안 되는 사람은 화를 내며 곧바로 말을 하기보다는 편지나 글로 전달하면 도움이 된다. 글은 한 번 더 사고를 해야 하고 침착하게 자신을 돌아볼 시간을 가질 수 있기 때문이다. 연애시절 쑥스러움이 많아 말을 잘 못 하는 사람도 편지를 활용하면 성공할 확률이 높은 것도 이 때문이다.

처음 독서를 시작할 때는 조금씩 확장을 해나가야 한다. 책의 맛을 알아가며 욕심이 생기기 시작하고 엄청난 양을 사들이기 시작한다. 하지만 실상은 주위에서 추천하는 책을 읽어나가기도 버겁다. 차츰차츰 책이 쌓이게 되고 마음이 조급해지기 시작한다. 하지만 괜찮다. 누구나 그런 과정을 겪으면서 한 단계 올라섰다. 가장 중요한 것은 습관을 만드는 것부터 시작해야 한다. 언제나 별 부담 없이 책을 잡을 수 있고 일상생활 속에서 자연스럽게 책 읽는 것이 녹아들었다면 습관이 됐다고 볼 수 있다. 특히 TV를 자연스럽게 멀리 할 수 있다면 성공했다고 말할 수 있다.

책을 분석하며 읽어나가면 정신적으로 긴장하게 되는데 처음에는 한 권을 끝까지 읽어나가는 데도 에너지와 적지 않은 스트레스가 쌓인다. 이에 따라 한 권을 읽으면서 20-30페이지를 보다가 얼마나 남았는지 페이지를 돌아보고 또 조금 읽다가 다시 살펴보고 하는 일이 반복된다.

갑자기 무슨 일이 생긴 것도 아닌데 다른 생각이 들어 책갈피를 꽂아두고 "잠시 뒤 다시 읽어야지." 하며 책을 덮게 되면 하루가 가고 일주일이 지나고 한 달이 지난다. 결국 1년이 가도 다시 읽지 못하는 경우가 종종 있다. 이럴 때는 얇은 책을 먼저 읽으면 도움이 된다. 가벼운 책을 읽어도 좋다. 한 번에 빠져들어 끝까지 읽었던 책들이 있을 것이다. 왜일까? 본인이 관심이 있거나 작가의 문체에 빠져들었거나 공감이 가는 내용이었기 때문이다.

책을 읽다가 어느 순간 나도 모르게 잠에 빠져 버린 경험을 해보았을 것이다. 잠에 빠지는 이유는 자세에 문제가 있어서다. 누워서 책을 볼 경우 잠들 확률이 바른 자세로 앉아서 보는 경우보다 월등히 높다. 어느 장소에서나 책을 보는 습관은 좋은데 바른 자세로 책상에서 읽는 습관을 들이는 게 중요하다. 이는 척추에도 도움이 될 뿐만 아니라 집중도도 훨씬 좋아진다.

책을 읽는 훈련은 습관이 될 때까지 해야 한다. 평범하게 책을 읽기보다는 밑줄을 그어가며 읽으면 내용이 눈에 더 쏙쏙 들어온다. 또한 밑줄을 긋기 위해 긴장을 하게 되는데 뇌가 그냥 읽을 때보다 활성화되는 것 같다. 오감을 자극하거나 활용하면 책의 내용을 정확하게 파악하고 효율적으로 읽는 데 도움이 된다. 이것 역시 책 읽는 과정의 훈련 중 하나라고 볼 수 있다. 자신만의 훈련기법을 만들면 효과가 두 배로 높아진다.

책 읽는 기술

책을 읽기 시작하면 어느 순간부터 읽는 속도보다 쌓이는 속도가 빨라지게 된다. 고민이 쌓이기 시작하고 책을 볼 때마다 언제 다 읽을 수 있을 것인가 적잖은 스트레스가 누적된다. 해결방법을 고민하기 시작하고 노력을 해보지만 쉽게 해결되지 않는다.

속독법은 눈을 통한 방법이 있고 기술적인 속독법이 있다.

눈을 통한 속독법

책 읽는 눈의 기능을 강화시켜 책을 빨리 읽으려고 하는 것을 말한다. 운동을 꾸준히 하면 스피드나 힘이 길러지듯 눈동자 훈련을 통하여 책을 좀 더 빨리 읽을 수 있고, 시야를 조금 더 넓게 확보하여 한 번에 책을 보는 범위를 넓힐 수 있다.

눈 운동을 통한 속독법이 유행한 적이 있었는데, 이 속독법에는 한계가 있다. 어느 정도 시간이 지나면 원래의 상태로 돌아오는 단점이 있다.

골라 읽기를 통한 속독법

속독을 하기 위해서는 책을 전부 다 읽지 말고 필요한 부분만 발췌해서 골라 읽기를 하는 방법이다. 한 권의 책에는 내가 원하는 지식과 정보를 모두 포함하고 있지 않다. 필요한 부분만 발췌하여 읽는데 소제목, 도표, 그림 등을 중점적으로 보고 소제목에서 필요한 부분이 보이면 전체를 상세하게 읽는 방식으로 필요 없는 부분은 과감히 버린다.

여러 권을 읽다 보면 사례나 예문이 겹치는 경우가 많다. 그런 경우 과감히 버린다. 책의 20%만 기억하여 필요한 정보의 80%를 얻을 수 있다면 성공한 책 읽기라고 할 수 있다.

책의 핵심 내용이 파악되었다면 다시 한 번 목차를 보면서 정리를 해본다. 반복읽기를 하는 것이다. 여러 번을 반복하여 읽다 보면 처음에 지나쳤던 내용도 다시 들어오게 된다. 적어도 5회독을 권장한다. 우리의 뇌가 장기기억으로 넘어가는 횟수가 5회 정도라고 한다. 5회 반복을 했을 경우 60-70%를 기억한다.

문단 읽기를 통한 속독법

책을 문단 단위로 읽는 것을 말하는데 컴퓨터로 말하면 Enter를 친부분이라고 생각하면 쉽다. 이 부분을 단락으로 보면 되는데 한 단락에 하나의 생각이나 주장을 담고 있다. 이 단락 전체를 다 읽는 게 아니라 앞 3-4문장, 뒤 3-4문장 정도만 읽어 가는 것을 말한다. 실용서적의 경우 첫 문장이나 마지막 문장에 키워드가 들어있다.

속독법에서 주의할 것은 모든 책을 이렇게 읽어서는 안 된다. 목적에 따라서 이렇게 속독으로 골라 읽거나 문단 읽기를 해야 하는 경우는 사용해도 무방하지만 시나 소설, 성경 등을 이렇게 읽어서는 안 된다.

같은 분야의 책을 모아 읽는다

여러 가지 분야의 책을 읽기보다는 선택과 집중을 통해 프레임을 짜는 일을 먼저 해야 한다. 같은 분야의 각기 다른 저자가 쓴 책을 모아 놓고 스키밍과 스캐닝을 통해 공통적인 것과 필요한 것을 요약하여 프레임을 먼저 구성한다.

여러 권의 책 중에서도 씨앗으로 삼을 만한 책을 한 권 고르고 두 번째 책부터는 겹치는 부분을 삭제하는 방식으로 읽어나가면 빠르게 읽을 수 있게 된다. 책에서 저자의 특이한 부분이나 독특한 부분이 있으면 참고하여 자료를 정리해둔다. 자료를 모은 후 내 생각을 첨부하면 새로운 장르의 나만의 기획서가 탄생하게 된다.

한 저자의 책을 모조리 구입하라

예를 들어 한비야, 브라이언트레이시, 피터 드러커 등 주옥같은 저자들의 책은 모아서 보면 좋다. 저자별로 읽다 보면 다른 테마로 글을 썼지만 작가의 세계를 이해할 수 있다. 같은 사례나 응용한 부분이 비슷한 것은 빼고 읽으면 된다. 그러면 속도가 붙는다. 작가별로 책을 읽다 보면 유난히 잘 읽혀지는 책들이 있고, 각 분야마다 탁월한 작가들이 있다. 글 솜씨는 물론이고 구성도 탄탄하여 읽을수록 닮고 싶은 글과 인용하고픈 마음이 들게 쓴 작가들이 있다. 이런 작가들의 책을 모아 읽으면 빨리 읽을 수 있다.

시간은 한정되어 있다. 틈틈이 시간활용을 효율적으로 해야 한다. 책을 효과적으로 읽기 위해서는 독서법 관련 서적도 보고 나름대로 공부를 해야만 한다. 여러 가지 독서법 책을 보더라도 그건 단지 참조일 뿐 나만의 독서법을 찾는 게 중요하다. 특히 목표를

정해 놓고 한 번에 한 권을 끝까지 읽는다.

인간의 능력은 무한하다. 한 달에 100권을 정하면 정한 대로 이룰 수 있다. 방법을 고민하고 연구하다 보면 나만의 방법이 생긴다. 다만 빨리 읽는 연습을 꾸준히 해야 한다. 정신집중도 중요하다. 책을 조금씩 읽다가 표시를 해두거나 책갈피를 끼워놓게 되면 다음에 책을 잡을 때 앞의 내용이 기억나지 않는다. 그렇게 몇 번 하다 보면 책 읽는 게 자꾸 힘들어지게 된다. 서서히 책상 위에 책이 쌓이게 된다. 최소한 3일 안에 책을 다 읽을 수 있도록 훈련을 해야 한다. 처음부터 무리하게 목표를 잡지 말고 일주일에 한 권을 목표로 시작하자.

눈이 아닌 뇌로 기억하기

뇌는 반복한 것을 기억하려고 한다.

캠퍼스를 빠르게 열 번 해보자.

캠퍼스, 캠퍼스, 캠퍼스, 캠퍼스, 캠퍼스, 캠퍼스, 캠퍼스, 캠퍼스, 캠퍼스, 캠퍼스

각도를 잴 때 쓰는 기구는?

컴퍼스라고 생각할 것이다. 답은 각도기이다.

다음 문장을 빠르게 읽어 보자.

캠릿브지 대학의 연결구과에 따르면, 한 단어 안에서 글자가 어떤 순서로 배되열어 있는가 하것는은 중요하지 않고, 첫째번와 마지막 글자가 올바른 위치에 있것는이 중하요다고 한다. 나머지 글들자은 완전히 엉진망창의 순서로 되어 있지을라도 당신은 아무 문없제이 이것을 읽을 수 있다. 왜하냐면 인간의 두뇌는 모든 글자를 하나하나 읽것는이 아니라 단어 하나를 전체로 인하식기 때이문다.

다 읽었다면 다시 한 번 한 자 한 자 또박 또박 읽어보자.

이처럼 뇌는 반복하거나 습관화되어 있는 것을 먼저 생각나게 해준다. 즉 책을 볼 때 한 번 훑어보는 것만으로도 반복해서 보게 되면 이해도가 높아지게 된다. 뇌는 한 번 보거나 들은 정보를 임시로 기억한다. 에빙하우스의 망각의 곡선(10분 후 복습 1일, 1일 후 복습 1주일, 1주일 후 복습 1달, 1달 후 복습 6개월 이상 기억한다.)에서 나오듯 이때 반복을 하게 되면 조금 더 오래 기억을 하게 된다.

책을 한 페이지당 2~3초 정도 훑어보며 넘겨가는 방식으로 읽으면서 핵심 키워드를 찾아보는 게 중요하다. 내용이 이해가 되지 않더라도 일단 끝까지 페이지를 넘기는 게 중요하다. 넘기다 보면 강조된 글씨, 반복되는 키워드와 도표, 그림이 보이는데 중요한 것은 표식을 해두는 것이다. 책장 모서리를 접어도 좋고 펜으로 밑줄을 그어도 좋다.

전체적으로 책을 한 번 읽었다면 반복하며 표시한 부분을 자세하게 살펴본다. 표나 그림의 내용을 이해하기 위하여 노력하는 게 중요하다. 필요한 키워드와 글자색이 다른 부분, 요약 정리된 부분 등을 살펴보며 실천하거나 생활에 적용할 부분을 책의 상, 하, 좌, 우 쪽 여백에 메모를 한다. 아이디어나 깨달은 것(이해한 것)도 같이 적어둔다.

책을 읽을 때는 반드시 펜을 들고 읽는다

펜을 들고 소제목이나 굵은 글씨 또는 다른 색으로 표시된 부분을 빠르게 보며 필요한 부분을 체크한다. 대부분의 책은 첫 단락 부분과 끝 단락 부분에 중요내용을 말하고 다시 한 번 정리해주는 방식을 사용한다.

전혀 새로운 용어나 문장 표, 그림 등이 나오면 체크를 하고 넘어간다. 관심이 가는 부분 역시 자신만이 알 수 있도록 표시를 해둔다. 다른 책에서 읽었던 부분이 나오면 과감히 스킵하면 된다. 사례를 바꿔서 또는 예를 다르게 들어서 바꾼 내용도 과감히 스킵한다.

빠르게 읽는 방법
◆ 기존 지식이 없는 책은 스키밍을 활용하여 '대략적인 내용'을 펜을 가지고 체크한다.
소제목, 굵은 글씨
첫줄 3문장, 끝줄 3문장 읽기
잘 이해가 안 가는 부분 체크
관심이 가는 부분 체크
다시 보고 싶은 부분 체크
◆ 스키밍이 끝나면 키워드, 도표, 그림을 보며 '자세히 알고 싶은 부분'을 심도 있게 읽어 내 것으로 소화한다.
키워드, 도표, 그림
키워드, 도표, 그림의 내용을 자세히 읽으며 이해한다
◆ 소설이나 성경, 시 등 이야기식 구조로 되어 있는 책은 통독(모든 페이지를 빠짐없이)을 하면 된다.

스키밍과 스캐닝이 끝난 후 반복읽기를 한다. 키워드, 표, 그림 등 이해가 잘 안 되거나 내 걸로 소화하기 위해서는 다시 한 번 천천히 분석을 해가며 읽어야 한다.

소설이나 성경, 시 등 이야기식 구조나 빠르게 읽어서 도움이 안 되는 책은 곱씹어보며 스스로에게 질문하며 읽는 게 중요하다. 소설은 스토리와 주인공을 이해하며 읽고, 시는 맛을 음미하며 읽어 주는 게 좋다.

그림이나 표로 표현하여 기억하기

가독성은 글보다는 표나 그림이 훨씬 좋다. 기억 또한 오래 남는다. 반대로 책을 읽거나 요약 정리한 내용이 기억이 잘 나지 않는다면 그림이나 도표로 정리를 해보면 쉽게 사용할 수 있게 된다. 우리가 늘 사용하는 스마트폰의 겉모양을 그려보라. 매일 보고 사용하는 스마트폰이지만 쉽게 그릴 수 없을 것이다. 이유는 정확하게 기억할 필요가 없기 때문이다. 하지만 한 번 그려보고 난 후 며칠이 지난 후 다시 그려 보라고 하면 정확하게 그려내지 못할 수 있지만 거의 비슷하게 그릴 수 있다. 애빙하우스의 망각곡선의 이론에 따르면 2-3시간 후면 잊어야 하는데 그림을 통하면 훨씬 장기간 기억을 할 수 있다는 걸 알 수 있다.

책 내용도 기억을 오래 하고 싶다면 마인드맵을 그려보라. 글로만 정리한 것보다 훨씬 효과적으로 기억할 수 있고 적은 양의 기록으로 많은 걸 탁월하게 정리할 수 있다.

암묵지, 형식지, 경험지를 통해 지식을 확대한다

암묵지는 머릿속에 있는 지식을 말하고, 형식지는 머릿속 지식을 글이나 그림으로 정리한 것을 말하며, 경험지는 몸으로 채득한 지식을 말한다.

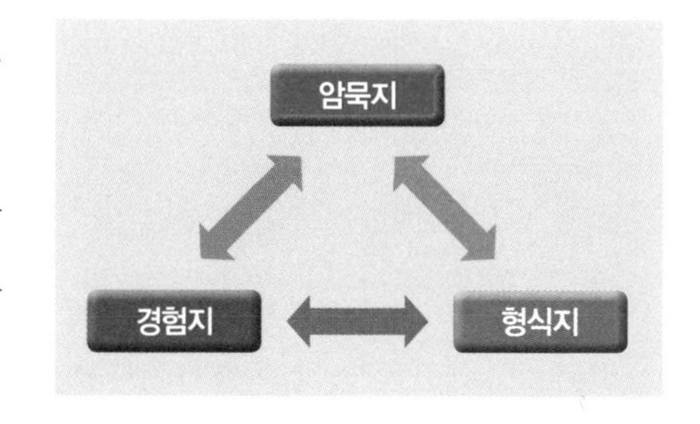

책을 아무리 많이 읽었더라도 표현을 할 수 없다면 쓸모없는 지식이 된다. 또한 머릿속에서 아이디어가 맴도는데 자료로 만들지 못하면 사장되고 만다. 이런 암묵지를 그림이나 그림으로 정리하기 시작하면 자료가 되고 정보로서 가치가 부여된다. 이를 형식지라고 한다. 또한 책에서 정리된 내용을 보다가 '내가 몸으로 경험하며 실천하고 있었던 걸 이론으로는 이렇게 표현되는구나?'라고 느꼈던 것을 경험지로 보면 된다.

수영을 예로 들자면 막연히 수영을 해야겠다고 생각만 한다면 암묵지이다.

수영장에 가기 전에 책을 통해 공부를 하고 수영을 이론으로만 배웠다면 형식지라고 볼 수 있다. 정식으로 수영코치에게 강습을 받고 물에 들어가서 몸으로 습득한 수영을 경험지라고 보면 된다.

세 가지 전부 수영이라는 공통점이 있지만 어떤 걸 먼저 해야 하느냐보다는 반복을 통해 수영을 잘할 수 있도록 노력을 해야 한다. 경험지만을 앞세우면 디테일함이 부족하여 제대로 스피드를 낼 수가 없다. 반대로 형식지만을 강조한다면 물에 뜨는 것조차 못 할 것이다. 암묵지만을 강조한다면 평생 수영을 배울 기회는 없을 것이다. 하지만 암묵지가 없었다면 수영이라는 운동 자체를 몰랐을 것이다. 이처럼 암묵지, 형식지, 경험지는 반복을 통해서 성장한다. 책을 읽을 때도 운동을 시작할 때도 새로운 일을 시작할 때 활용해 볼 것을 권유한다.

08

삶에 적용을 위한 요약 정리법

인간의 뇌는 무한한 능력이 있지만 기억력에는 한계가 있다. 메모를 해야 하는 이유가 여기 있지만 무작정 쓴 메모는 활용가치가 없다. 메모에도 요령이 있는데 요점만 정리하는 기술이 필요하다.

20%의 기록으로 80%의 내용을 끄집어낸다. 메모를 많이 한다고 해서 자료가 많아지는 것이 아니다. 특히 누군가의 발표를 정리해서 정보로 활용하기 위해서는 빠른 필기법도 중요하지만 중요사항만을 적는 게 중요하다. 나중에 다시 읽으면 기억이 새록새록 떠오르게 된다. 많은 양이 뒤죽박죽 적혀 있으면 오히려 다시 보기 싫어지는 경우가 대부분이다. 순차적으로 받아 적는 게 중요한데 한 주제를 한 장의 메모지에만 쓰는 게 포인트다.

여러 가지 주제를 한 장에 나열하게 되면 내용을 분간할 수 없기 때문에 평소에 나누어 적는 습관을 들여 놓으면 보기도 좋고 편집도 편리하게 된다.

책을 읽고 정리하는 데는 마인드맵만한 게 없다. 목차를 보며 마인드맵을 그려보면 책의 내용을 한 장에 요약하는 연습을 하게 되기 때문에 자연스럽게 요약정리를 할 수 있다.

책을 볼 때는 전체의 내용을 훑어본 후 부분을 세밀하게 보는 방법을 사용해야 한다. 중요부분에 밑줄을 치는 것은 당연한 이야기이며 적용하거나 필기가 필요한 경우는 모서리를 접어둔다. 나중에 요약 정리할 때 빠르게 찾을 수 있어 좋다. 띠지를 붙여도 좋긴 하지만 약간은 번거로운 게 있어서 지하철이나 자투리 시간을 활용할 때는 오히려 불편할 때가 많다.

책을 읽었으면 나만의 말로 표현하는 연습을 해봐야 한다. 표현이야말로 가장 확실한 독서법인데 깨달은 걸 발표하는 연습은 책의 내용을 숙지하지 않고는 전달을 제대로 할 수 없기 때문에 여러 사람 앞에서 발표하는 연습은 중요하다. 처음에 대중 앞에 서는 게 떨리고 두렵지만 여러 번 반복하다 보면 익숙해지고 자연스러워진다. 조금 욕심을 내자면 스피치 학원이나 강의 관련 준비를 해보는 것도 도움이 된다.

요약정리의 핵심은 책에서 받아들인 지식이나 지혜를 심화하기 위해서 체계적인 정리가 필요하게 된다. 이에 따라 모아둔 메모나 요약한 자료 수집했던 정보들을 체계적으로 나누고 다시 모으는 작업을 반복하며 나만의 문장으로 만들어야 한다. 책을 요약 정리해 보면 내게 감동을 주는 책 같은 경우 몇십 장이 될 수도 있다. 하지만 여러 번 반복해서 정리해보고 내공이 쌓이기 시작하면 장수가 줄어들기 시작한다.

일 년 정도 연습을 꾸준히 하면 한 장으로 요약을 하더라도 전체의 내용을 유추할 수 있게 된다.

전문가에게 배우면 시간과 돈이 절약된다. 시간과 돈을 효과적으로 투자하면 오히려 더 뛰어난 결과를 빠르고 저렴하게 익힐 수 있게 된다. 처음에는 손해가 나는 듯 보이지만 조금만 들여다보면 이득이라는 걸 쉽게 알 수 있다. 운동을 배울 때를 보면, 똑같은 시간을 투자해서 운동을 하더라도 최적의 효과를 낼 수 있다면 잘못된 방법으로 몇 배를 투자한 것보다 훨씬 효율적이라는 것을 누구나 안다.

마인드맵 정리법

책의 내용이 기억에 남지 않는 것은 당연하다. 하지만 토론을 하거나 깊이 있는 자료를 만들기 위해서는 간단한 노력이 필요하다.

노트를 작성하는 것도 필요하지만 한 장에 요약하는 게 심플하면서도 효과적으로 활용을 할 수 있다.

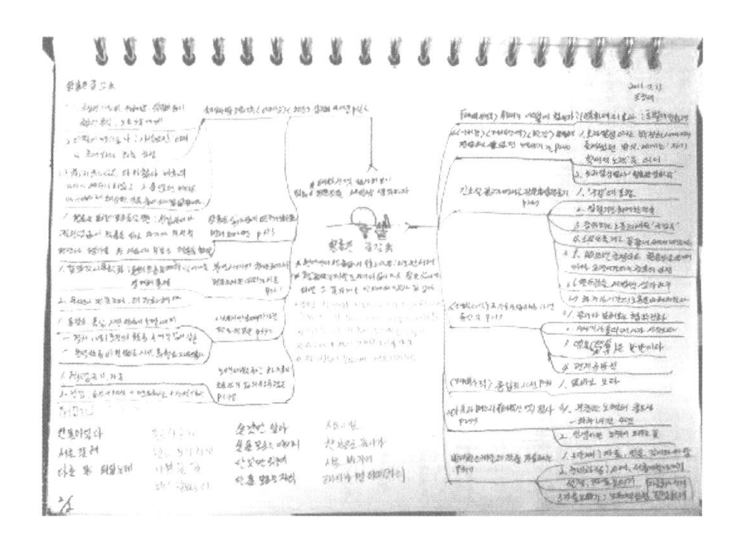

책을 읽고 마인드맵으로 정리하면 기억에 오래 남는다. 한눈에 책의 전체적인 내용이 파악되며 정리한 내용을 보고 다른 사람에게 설명할 수 있게 된다. 중요한 내용은 색깔을 다르게 표시하고 별표를 치거나 구분할 수 있는 표시를 해두면 좋다. 별표를 해둔 자료는 가운데에 다시 기록하여 핵심이 무엇인지 쉽게 리뷰할 수 있도록 한다.

마인드맵 독서법

천 권의 책을 읽으며 느꼈던 생각은 '어떻게 하면 실용적으로 정리를 할 수 있을까.' 하는 것이었다. 여러 가지 독서 정리법 중 짧은 시간에 핵심을 뽑고 사용할 수 있는 방법이 무엇일까 하는 고민이었다.

독서모임을 하면서 발표를 해야 하는데 읽는 것까지는 어찌 해 보겠지만 이를 정리하는 것이 항상 문제였다.

여기에서 제시하는 마인드맵 정리 방법은 강규형 대표의 마인드맵에 독서법을 응용하여 적용해 본 것이다. 누구나 할 수 있고 약 3시간 정도면 책의 전체적인 내용 파악은 물론 정리까지 깔끔하게 마무리할 수 있다. 아울러 마인드맵으로 정리하면 가장 와 닿는 요약정리를 한 장으로 할 수 있다는 것이다.

뿐만 아니라 적은 키워드를 가지고 많은 양의 내용을 유추해 낼 수도 있다. 특히 독서토론이나 발표를 할 때 간단하게 휴대하고 깊이 있게 이야기할 수 있다.

물론 모든 사람마다 적용되는 것은 아니지만 바쁜 일상에서 적용하여 활용해 볼 만하다.

마인드맵 독서법은 이노우에 하사시가 사용한 세계를 위에서 내려다보듯 조망하는 '새의 눈'이고, 또 하나는 세계 안으로 들어가서 한정적으로 머물며 관찰하는 '발의 눈'을 활용하여 내 것으로 만들 수 있다.

1) 깨끗한 종이를 준비한다.

– A4 용지나 A5 용지를 활용한다.

2) 가상의 선을 마음속으로 사등분한다.

Chapter나 각 장은 보통 최대 8개 이내로 되어 있다. 균형을 맞추기 위해 사분면에 어떻게 배열할지 생각한다.

가상의 선을 생각한다.(실제로 긋지 않는다.)

3) 우측에 날짜, 저자명을 적고 좌측에 책제목, 하단에 페이지를 기록한다.

4) 가운데 이미지를 그린다.

– 이미지는 5Cm 이내로 그리고 테두리는 그리지 않는다. 그림은 많이 그려볼수록 좋아진다.

5) Chapter나 장을 나누어 적는다.

– 이 책은 7개의 장으로 나누어져 있다.

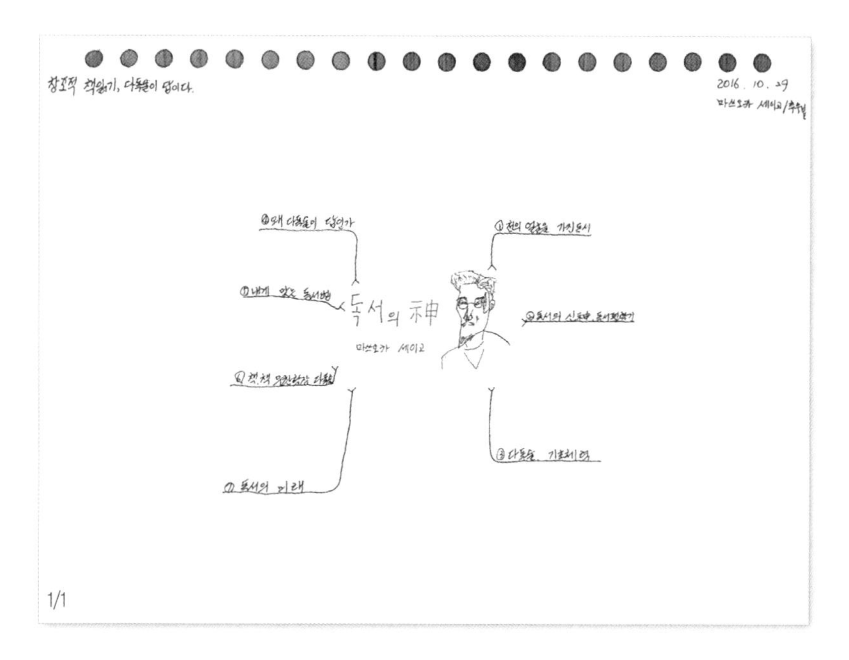

6) 목차를 보고 소제목을 적는다.(까만색 : 깨달은 것, 별색 : 적용할 것)

– 제1장 아래에 있는 소제목들을 적는다. 소제목을 보며 깨달은 것과 적용할 것을 표시해두면 읽을 때 깊이 있게 읽게 된다.

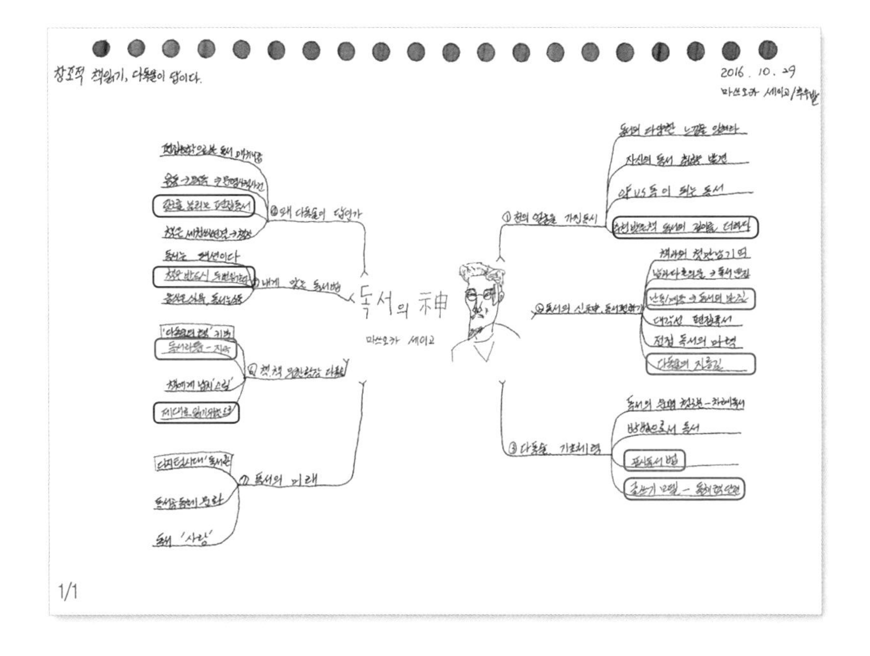

7) 소제목을 적고 3개 정도의 핵심내용을 키워드 중심으로 적는다.

– 책을 읽으며 핵심내용을 키워드 중심으로 3개 정도 뽑아낸다.

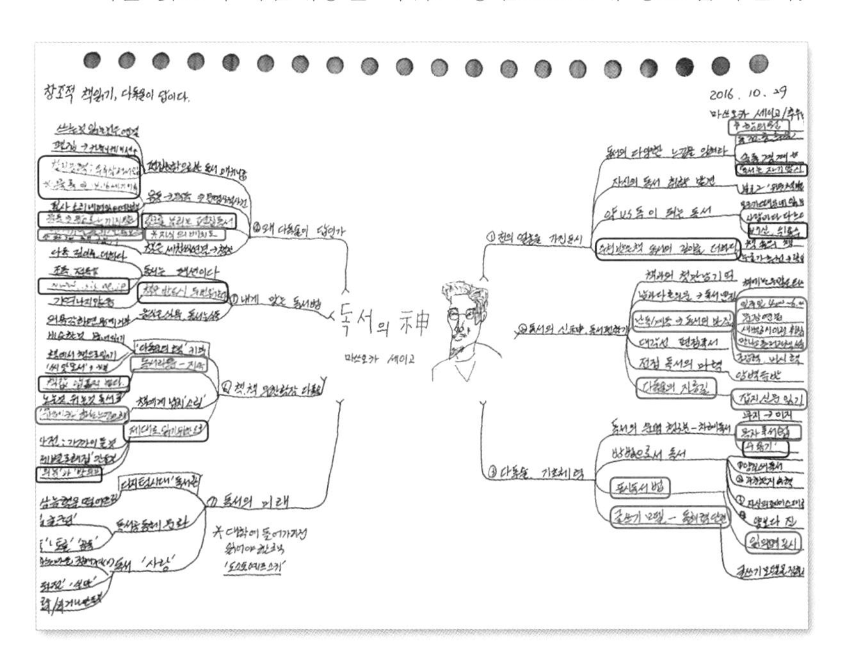

8) 가운데에 깨달은 것과 적용할 것을 다시 모아 적는다.

– 깨달은 것(까만선), 적용할 것(별색선)을 가운데 다시 정리하여 활용한다.

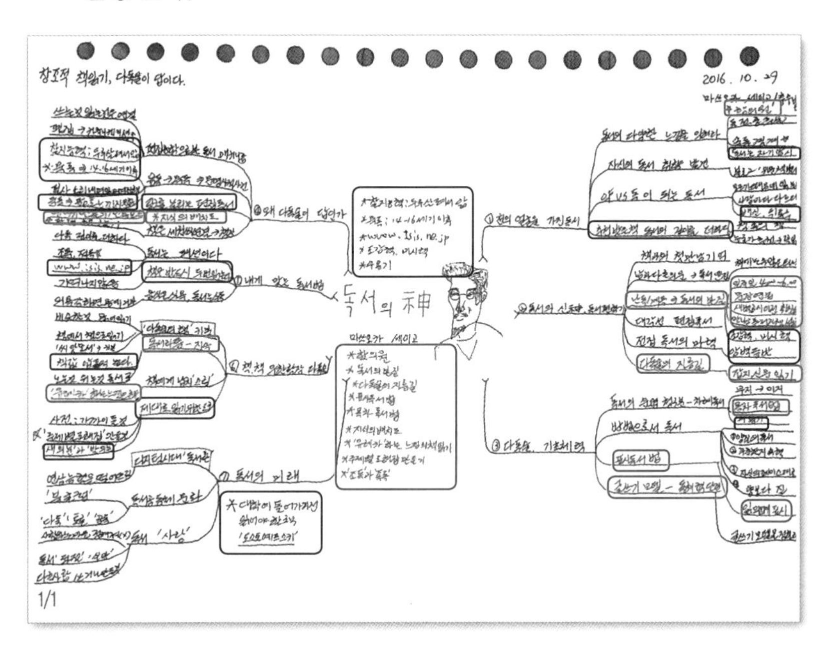

9) 뒷면에 명언이나 좋은 글과 새로운 용어를 적는다.

– 책을 읽다 보면 좋은 글이나 새로운 용어가 많이 나온다. 뒷면에 정리하여 활용한다.

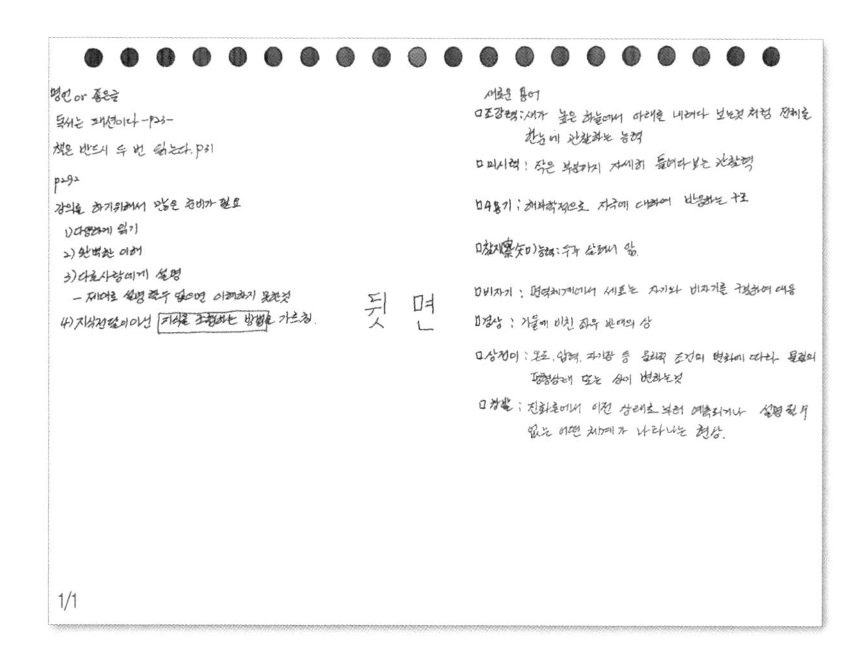

책은 읽, 해, 쓰, 실(읽고, 해득하고, 쓰고, 실천한다.) 방식으로 한다

읽고 : 마음에 드는 문구나 실천해야 할 부분에 밑줄을 그으며 책에 표시해둔다. 글을 단순히 보기보다는 구조 분석과 주제 파악이 되어야 정확한 해석의 단계로 들어갈 수 있다. 다독과 속독, 정독 등 읽는 기법을 읽혀 자신에 맞는 책 읽기를 할 수 있도록 해야 한다. 이에 따라 읽으며 표시를 하는 게 중요하다. 밑줄을 긋거나 책 빈 공간을 활용하여 해득한 내용을 적어두며 읽는 게 기억에 오래 남는다.

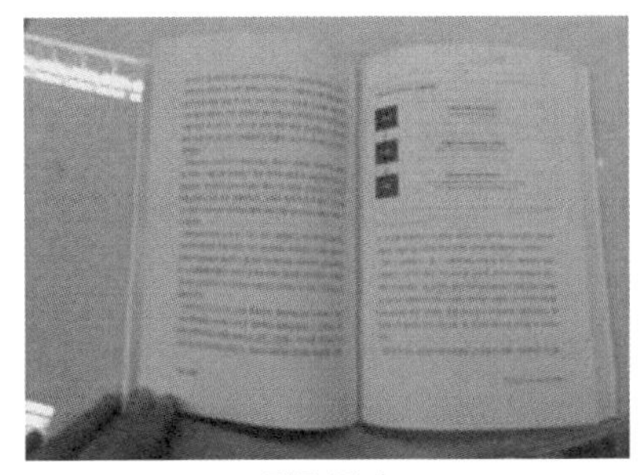
밑줄 긋기

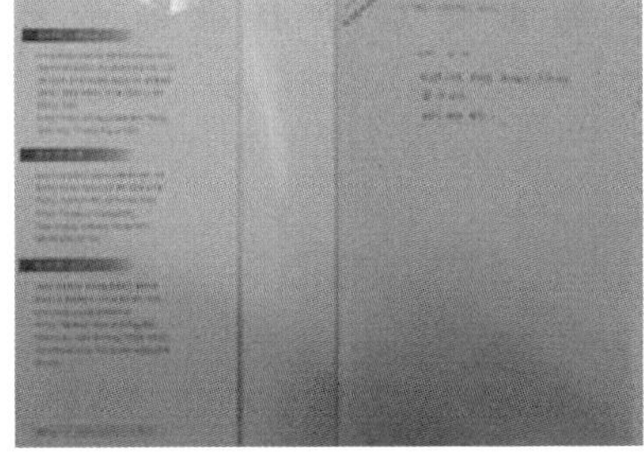
책 앞장에 소감 쓰기

해득하고 : 해득하다는 "뜻을 깨쳐 알다."는 의미가 있다. 내가 확실히 파악한 내용은 쉽게 남에게 설명할 수 있도록 노력해야 한다. 책을 읽는 중간에 떠오른 아이디어나 저자의 생각과 내 생각의 다른 점을 책에 적어둔다.

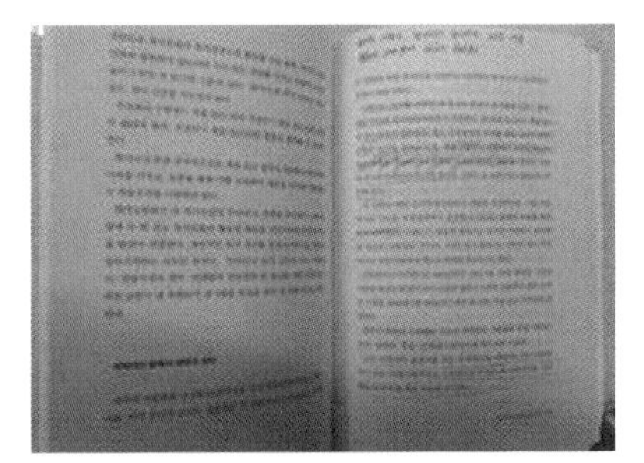
책 윗(빈) 공간에 아이디어쓰기

쓰고 : 읽고 해득하는 단계에서 대부분의 사람들은 독서를 마친다. 하지만 자신이 실천하기 위해서는 반드시 기록을 해야 한다. 기록의 중요성은 실천하기 위한 밑거름이라고 할 수 있다. 기록하는 사람들을 보면 실수가 적어진다. 꼼꼼한 성격이 아니지만 빠트리지 않고 일처리를 할 수 있는 방법은 기록을 하는 것이다.

포스트잇을 활용하기를 권하는 책들도 있지만 특별한 경우가 아

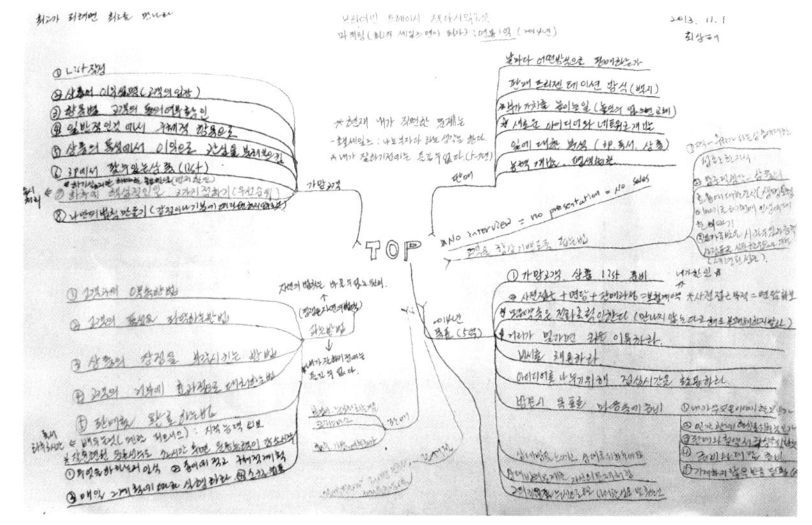

마인드맵 정리

니라면 책에 직접 쓰는 게 효율적이다. 나중에 정리를 할 때 포스트잇이 분실될 염려가 있기 때문이다. 종이에 기록을 하면 생생한 기억을 사용할 수 있지만 편집에 어려움이 있다.

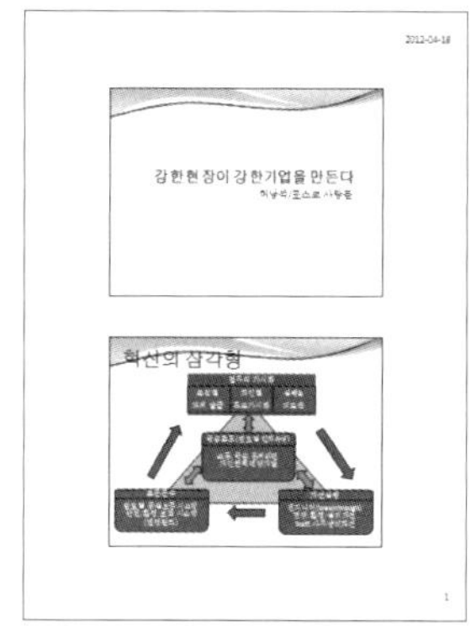

PPT 정리법

컴퓨터를 이용하여 정리를 하게 되면 편집이 쉽지만 도표나 그림을 그리는 게 쉽지 않다. 실천하기 위해서는 파워포인트를 활용한 콘셉트화 작업을 하며 기록을 하는 것을 추천한다. 시간이 걸리는 작업이긴 하지만 기억도 오래 남고 나중에 강의에 활용할 수 있어 추천한다.

실천한다 : 독서의 마지막은 실천이 뒤따라야 한다. 실천은 나의 삶에 적용하는 것을 말한다. 독서에서 우리가 쉽게 간과하는 것 중 하나가 읽는 것으로 끝나는 경우가 많다는 것이다. 많은 책을 읽고

읽, 해, 쓰, 실 방식으로 컴퓨터 정리

도 실천이 잘 안 되고 활용할 수 없는 이유는 책을 읽고 다 읽었다는 만족감으로 책을 덮어버리기 때문이다. 책을 읽었으면 위의 일련의 과정을 거치는 노력을 해야만 실전에 써먹을 수 있다.

예를 들어 책을 이용해 콘셉트화한 것들이 머릿속에 있다면 이것을 끄집어내는 작업을 해야 하는데 아무리 머릿속에 많은 양의 지식이 쌓여 있더라도 실전에 써먹을 수 없다면 무용지물이 된다.

강의를 하려면 자료가 정리되어야 한다. 정리를 해두어야만 편리하게 자신이 전달하고픈 내용을 쉽게 전달할 수가 있다. 아무리 뛰어난 사람이라고 하더라도 한 번 보고 머릿속에 있는 것을 빠트리지 않고 전달한다는 것은 쉽지 않다. 처음에는 어색하더라도 수정하고 보완하는 작업을 하기 위해서도 기록하고 정리하는 습관을 들여놓아야 실천할 수 있는 밑거름이 된다.

다음 네 장의 사진은 책을 읽고 실천하는 모습을 찍었다.

[거실 책상에서 아이들과 독서]
독서 퀴즈를 통해 가족 간의 소통이 이루어지는 결과가 나타났다.

[강의하기]
책을 통해 지식을 쌓고 강의에 적용하여 보다 높은 수준의 교육 효과를 올리고 있다.

[IT 교재 만들기]
교재 만들기를 통하여 교육을 받는 분들에게 도움을 주려고 노력하였다.

[블록으로 마케팅하기]
바인더 독서법(http://yssogari.blog.me/)이라는 블로그를 통하여 필자를 알리는 기회를 만들었다.

독서를 효율적으로 하고 적용하려면 위의 네 단계를 반복적으로 거치면 된다. 책을 읽고, 해득하고, 쓰고, 실천하는 과정을 꾸준히 반복하지 않으면 정작 중요할 때 써먹을 수 없는 현상이 발생한다. 평상시 연습이 필요하다. 처음은 쉽지 않겠지만 습관이 되면 다른 분야에도 활용할 수 있다. 특히 논문을 준비하거나 업무에 책을 적용하고 싶다면 꼭 실천해 보기를 권유한다.

09

한 단계 업그레이드 독서법

취미 활동에서 한 걸음 나아가자

독서를 하는 이유 중 하나는 즐거움을 위해서다. 많은 사람들이 독서는 취미활동으로 하는 것쯤으로 여긴다. 물론 맞는 말이다. 이런 독서는 책 읽는 자체에서 즐거움을 찾을 수 있다. 하지만 이렇게 책을 취미삼아 지속적으로 읽는다면 업으로 이어질 수 없다. 다른 누군가보다 조금 더 차별화가 있어야 사람들이 관심을 갖는다. 어떤 목적이 없이 책을 읽는다면 책 읽기가 훌륭한 취미활동이 될 수 있다.

즐거움을 위한 책 읽기의 방법은 독서법이나 다른 책들에서 언급하지 않고 있다. 굳이 방법을 찾을 필요가 없기 때문이다. 그것은 본인 나름의 방식으로 편하게 읽으면 되는 것이다. 지식과 정보를 찾기 위해 하는 독서처럼 쫓기듯 속독을 할 필요도 없고, 다독을 위해서 노력을 할 필요도 없다. 또한 인격성숙을 위해 정독을 하며 음미해가면서 반복해서 읽을 필요도 없다. 독서자체가 목적이 되기 때문이다.

독서를 이용하여 생각 키우기

취미의 독서와 달리 생각을 키우거나 지식과 지혜를 얻기 위해 하는 독서는 하나의 방법이 된다. 독서를 하는 최종 목적이 독서자체가 아니라 지식과 지혜를 숙성시키는 발효제의 역할을 하는 것이다.

중요한 독서방법 중 하나는 많은 책을 빨리 읽는 것도 중요하지만 한 권의 책을 독파하여 반복해서 읽는 것 역시 중요하다. 목적이 정해졌다면 자신이 원하는 책을 고르고 방향에 맞도록 내 걸로 소화하고 재편하여 활용하는 작업을 해야 한다.

목적 있는 책 읽기를 실천하자

책을 읽을 때는 어떤 목적으로 읽는지를 분명히 정하고 읽는 것이 훨씬 효과적이다. 상대적이기는 하지만 특정한 목적을 가지고 책을 읽는 방법을 선택하는 것이 지혜로운 방법이다. 가장 현명한 독서법은 목적에 맞게 부합되게 읽는 독서법이다. 정답의 독서법은 없다. 독서의 방법은 참으로 다양하다. 따라서 사용목적에 따라 적절하게 사용해야 한다.

다독에서 정독으로

독서를 시작할 때 많은 양의 책을 읽기 위해서 노력해야 한다. 자신이 어떤 분야에 강점이 있는지 파악이 안 된 상태라면 기본지식을 쌓기 위해 다독이 필수다. 또한 자신조차 알지 못했던 좋아하는 분야를 찾기 위해서는 여러 분야의 책을 섭렵해보는 게 좋다.

다독을 하며 자신의 분야를 찾았다면 깊이 있는 책 읽기가 필요하다. 깊이 있는 책 읽기는 전문가가 되기 위한 필수 과정이다. 이때는 정독을 권유하는데 빠르게 많은 양도 중요하지만 정확한 지식을 습득하는 게 더 중요하다. 자칫 빠르게만 강조하다 보면 중요한 부분을 빠트리고 지나칠 수가 있기 때문에 천천히 자세히 분석하며 보는 것이 좋을 듯하다. 이때 자신만의 방법으로 정리하는 건 필수다.

책을 읽는다는 건 갑자기 벼락부자가 된다거나 지식이 금세 쌓이거나 하지는 않는다. 집을 지을 때 차곡차곡 올라가는 벽돌처럼 자신이 원하는 걸 이루기 위해 한 단계씩 과정을 거쳐야만 비로소 완성이 된다. 우리가 추구해야 할 독서법은 남에게 보여주기 위한 것도 자랑을 하기 위한 것도 아니다. 자신을 되돌아보며 '이만큼 성장했구나.' 하는 생각이 든다면 훌륭한 독서를 했다고 할 수 있다.

자신이 만들어 가는 전공분야

대학은 학문을 닦는 곳이다. 하지만 학문을 닦기보다는 스펙을 쌓기 위해 노력한다. 대학등록금 역시 한 해가 멀다 하고 오르고 있다. 1년 치 등록금이면 약 1,000권의 책을 살 수 있다. 4년의 시간이면 웬만한 기술을 습득하여 전문가의 반열에 오를 수 있다.

경기대에 다니고 있는 이동진 씨는 특별한 경력의 소유자이다. 공부가 아닌 여행과 철인3종경기, 독도 횡단 수영, 미국 자전거 종주, 아마존 횡단 울트라 마라톤, 세계여행 등 남들과 다른 길을 걸어 성공하고 있는 사람이다. 아시아나 항공 CF 모델을 한 경력도 있다. 그는 블로그에 이러한 일들을 영상으로 모두 남겨 놓았다. 지금도 세계 여행 중인데 미국의 한 지역에서 숙박을 하다가 만난 분이 조금 더 경력을 쌓으면 하버드 대에 갈 수 있다는 조언을 듣고 하버드 진학을 준비하고 있다.

사람들은 대학에서 전공을 선택하지만 그것에는 한계가 있다. 나만의 경험과 노하우가 남들과 차별화되는 전략인데, 혼자서 시작하기에는 막막한 게 사실이다. 하지만 책을 통하면 가능해진다. 스펙 쌓기에 혈안이 되어 있는 요즘, 형식적인 것으로는 먹고 살 수 없다. 형식보다는 실제로 내가 할 수 있는 일이 무엇인가가 중요하고, 어느 정도의 수준이냐에 따라 가치가 달라진다.

한 분야에서 전문가가 되는 방법은 관련 분야의 책을 모조리 읽는 것이다. 직접 강의를 듣지 않아도 그 분야의 정상에 있는 사람들이 써 놓은 책과 논문을 읽으면 곧 그 분야의 전문지식을 쌓을 수 있고 시간과 돈을 모두 절약하는 효과가 있다.

그렇다고 대학을 무시하는 것은 아니다. 분명 지식을 습득해가는 데 도움이 된다. 하지만 대학을 졸업하고 책을 놓아 버리는 일이 발생한다. 필요한 실력은 대학을 졸업한 후에도 반드시 필요하고 업그레이드를 시켜야 한다.

박사학위 논문

> 필자가 소장하고 있는 셰필드 출판사에서 발간된 신약 신학 분야의 박사학위 논문 중 무작위로 10권의 책을 선정해서 통계를 내보니 논문을 쓰기 위해 참고한 책이 평균 518권이었다. 물론 논문에 따라 편차는 아주 컸지만 적게는 182권에서부터 많게는 940권까지 있었다.
>
> – 백금산 : 137-138

앨빈 토플러의 예를 보자. 〈미래 쇼크〉 359권, 〈제3의 물결〉 534권, 〈권력 이동〉 580권 등이었다. 이처럼 박사학위 논문 하나를 쓰기 위해서는 수많은 책들이 참고자료 또는 근거자료로 들어

간다. 세계적인 석학들을 우리가 신뢰하는 이유는 숨은 노력이 있기 때문이다.

"참고한 책이 평균 518권이었다."고 말하고 있는데 우리는 어떤가? 1년에 50권을 읽기도 힘들어한다. 물론 꼭 논문을 쓰기 위해 책을 읽는 것은 아니다. 하지만 전문가라는 타이틀이 붙기 위해서는 그만한 노력이 필요하다. 타이틀이 인생에 있어서 반드시 필요하진 않지만 책을 읽다 보면 한 분야에 몰입하게 되는데, 지식을 확장해 가며 자신의 전문분야를 만드는 작업은 꼭 필요하다.

하나가 아닌 세 가지 정도 특별한 자신의 전문 분야를 만들어야 경쟁력이 있다. 어떤 일을 할 때 누구나 쉽게 접근하고 편하게 할 수 있게 만들어야 하지만 자신만의 특별한 전문성이 없다면 망하고 만다.

대학을 나왔든 안 나왔든 박사학위를 받았든 안 받았든 그것은 인생의 부분일 뿐이다. 좋은 일도, 궂은 일도 지나가겠지만 반드시 책이 동반되었으면 한다. 힘들게 노력하여 한 부분에 탁월한 성과를 낼 수 있는 이면에는 반드시 책이 있기 때문이다.

브랜드 네이밍 만들기

책을 한 줄로 요약하는 연습을 하자. 책을 읽고 나서 뜻을 음미해보거나 복잡한 내용을 한 줄로 요약할 수 있다면 문제를 해결하는 데 엉킨 실타래에서 실마리를 풀어 낼 수 있다. 또한 목적을 분명히 하는 효과도 있는데 피아노 건반처럼 가지런히 서재에 꽂혀 있는 책 제목을 보며 '무슨 내용의 책이었지.'라는 생각이 들 때 한 줄로 요약해 보았다면 기억이 조금씩 되살아난다.

켜켜이 쌓인 묵은 먼지를 후 하고 불어내듯 기억 저편의 아련한 내용들을 끄집어내기 위해서는 나름대로 방법을 강구해 두는 게 좋은데 바로 한 줄 요약이 효과적이다. 자료를 찾거나 정보를 검색할 때도 정확한 키워드를 넣어야 정답이 나오듯 한 줄 요약은 내가 목적하고 있는 목표를 정확하게 하는데 필요한 키 역할을 한다.

예를 들어 블로그에 대한 책을 쓴다면 핵심 키워드는 '블로그'가 된다. 당연히 관련된 책을 모아 보게 되고 자료검색이나 정보검색 역시 블로그에 관련된 자료를 수집하게 된다. 신문 기사나 TV 또는 잡지를 보더라도 키워드로 집중이 된다.

책에서 내가 필요로 하는 것을 찾는 것을 결정하는 것이 바로 한 줄 요약이다. 책을 읽고 나서 명확한 키워드를 뽑아내도록 훈련해야 한다. 한 줄 요약을 뽑아내는 것은 단번에 이루어지지 않는다. 꾸준한 연습이 뒷받침되어야 한다.

책 읽기뿐만이 아니라 각종 강연이나 세미나 교육을 받을 때에도 연습을 하면 좋다. 필기도구를 꺼내고 정리를 할 때 마인드맵 중심에 핵심 키워드 그림을 그려 넣는 연습을 하면 우뇌 발달과 기억이 훨씬 오래 남는다. 또한 자료를 다시 꺼내 보았을 때 자신이 그린 그림을 보면 현장이 되살아나는 경험을 할 수 있다.

새로운 프로젝트나 처음 접해보는 일들을 시작할 때 책을 참고하게 되는데 책 중간 중간에 한 줄로 메모해둔 아이디어나 한 줄로 요약한 주제별로 정리해둔 보조 바인더를 활용하면 효과적이다. 과거의 자료들을 모아둘 때 처음에는 시간과 노력이 많이 들지만 같은 일이 두 번, 세 번 반복이 되면 시간도 줄어들고 아이디어도 발전시킬 수 있게 된다.

자신의 브랜드를 만들 때도 한 줄 요약의 힘은 발휘된다. 자신을 한 줄로 정의할 수 있다면 강력한 무기가 될 수 있다. '강철왕 카네기', '발명왕 에디슨', '골프 황제 타이거우즈' 등 자신의 이름 앞에 붙여진 한 줄의 수식어만 들어도 그 사람이 어떤 사람인지 알 수가 있다.

잘 뽑아낸 한 줄 요약은 한 권의 책 내용을 대신할 수 있다. 한 줄 요약을 보고 모두가 공감하고 더 이상 말이 필요 없다면 제대로 뽑아냈다고 할 수 있다. 물론 쉬운 일은 아니다. 하지만 이런 노력이 하나둘 쌓여 지식이 축적되고 지혜로 발전된다면 보다 나은 자신을 발견하게 될 것이다.

독서법 특히 다독을 생각하고 있는 사람이라면 마쓰오카 세이고가 쓴 〈창조적 책 읽기, 다독술이 답이다〉를 강력 추천한다. 그는 다독뿐만 아니라 서재에 5~6만 권의 책을 가지고 있다.

넓게 읽어야 깊게 읽을 수 있다. 2권 이상의 책을 조합해서 번갈아 가면서 읽는 것을 조독組讀이라고 하고, 조금씩 읽는 협독狹讀, 저변을 넓혀가는 것을 광독廣讀이라고 한다.

마쓰오카 세이고는 온라인상에 센야센사쓰千夜千冊 천 권의 독서 체험기를 올리는 프로젝트(2000년 2월 23일~현재www.isis.ne.jp)를 진행하고 있다.

최초 홈페이지(2000.2.23.) 1편 : 설(雪)

2016년 현재 홈페이지(2016.10.27.) 1,622편

다독과 독서 훈련

1) 마쓰오카 세이고는 독서를 '대단한 행위'나 '숭고한 작업'으로 생각하지 않았으면 좋겠다고 했다. 그의 말처럼 독서는 일상생활에서 하는 다른 행동들처럼 그냥 가볍게 받아들이는 것이 좋다. 의욕이 너무 강하면 책이 몸에 스며들지 않기 때문이다.

2) 책은 반드시 두 번 읽는 것이 좋다. 분명히 이전에 읽었는데도 그 내용이 생각나지 않는 책이 너무나 많아 책의 내용을 설명할 수 없거나, 기억이 가물가물하거나, 일부만 기억나

거나, 잘못 이해하고 있거나, 엉뚱하게 기억하고 있는 경우가 많기 때문에 책을 두 번은 읽어야 한다.
또한 트레이닝이나 스트레칭은 독서에도 반드시 필요하다. 다독을 위해서는 다양한 책으로 연습해야 하며 연습을 반복하게 되면 머리는 언제나 책을 받아들일 준비를 하게 된다.

3) 문사철(문학, 역사, 철학)은 계독系讀으로 읽는다. '계독'은 계보를 좇아가며 읽는 독서다. 한국과 아시아 유럽을 연결하여 읽고 철학과 묶고 과학 계열의 책과 연관 지어 자신의 생각으로 풀어내는 것이다.
조감력(새가 높은 하늘에서 아래를 내려다보는 것처럼 전체를 한눈에 관찰하는 능력)과 미시력(작은 부분까지 자세히 들여다보는 관찰력)을 활용하면 좋다.

4) 도서관에 가면 책과 친해지기 마련인데 아이들에게 책과 친해지게 해주려면 반드시 주말에 정기적으로 가는 것도 좋은 방법이다. 서점에도 자주 가서 신간서적을 보며 최근 트렌드를 읽고 책의 판단 능력을 키우는 것을 권장한다.

5) 만나고 싶은 사람이나 배우고 싶은 사람의 책은 반드시 읽는다. 저자를 만날 때 인터뷰에 활용할 수 있고 상대방을 알

수 있기 때문이다.

6) 책을 읽는 순서는 명저라고 불리는 책을 구하거나 도서관에 가서 읽어야 할 목록을 만든다. 양자역학은 폴 애드리언 모리스 디락, 전자기학은 파인만, 상대성이론은 아인슈타인이다. 하지만 처음에 이런 책은 이빨도 들어가지 않는다. 최소한 한 번은 이런 상황에 직면해야 한다. 다른 참고서나 비슷한 유형의 책과 기초부터 보충해 읽고 다시금 도전하면 조금씩 이해가 되기 시작한다.

7) 전집독서를 해야 하는 이유는 위용에 압도당하기는 하지만 성취감이 단행본보다 몇 배의 기쁨이 있기 때문이다. 두루 섭렵하는 기쁨이 있고 다양한 지식이나 깊이에 감동을 얻을 수 있다.
전집독서는 암벽 등반하듯 처음에는 그냥 나가떨어진다. 두 번째 붙었다가, 세 번째 붙었다가 다시 도전하고 떨어지기를 반복하며 정상을 향해 올라가는 느낌으로 읽어야 한다. 〈몰입독서〉에 보면 푸름이가 전집을 읽고 한 나라와 로마가 싸우면 누가 이길까 하는 질문을 하는데 전집을 읽었던 아이들의, 생각의 깊이와 넓이는 무한한 상상력과 창의력이 만들어진다.

8) 속독연습은 취미 활동분야의 잡지부터 시작하자. 잡지는 여러 분야를 두루 다루고 있다. 컬러화보, 가십거리, 르포르타주, 유머, 취재기사, 논문, 칼럼 등이 섞여 있다. 아울러 한 호가 다음 호로 이어지면서 동일한 이야기가 연재가 되기도 하지만 새로운 인물과 기사가 흥미를 더해 준다. 뿐만 아니라 잡지 나름의 언어 감각과 디자인 감각이 있다.
헤드라인을 빠르게 읽는 연습부터 시작한다. 단행본을 읽을 때도 적용한다.

9) 책에서 책을 추천한 경우 연결고리가 형성된다. 처음에는 난해했던 책들이 연결고리를 통해 이해가 되기 시작한다. 이해가 되지 않더라도 자꾸자꾸 읽어야 한다. 독서 페이스를 찾기 위해서인데 훈련이 필요하다.
독서는 누군가 쓴 문장을 읽는 행위이다. 읽고 있는 도중에 여러 가지를 생각하거나 느끼는 행위이다. 저자와 독자가 만나 협업하는 일이라고 볼 수 있다.

10) 음독은 유아시절 엄마나 아빠가 책을 읽어 주면서부터 시작한다. 인류의 가독력은 원래 소리와 문자의 일체성 속에서 길러져 왔다. 묵독은 14세기나 16세기 이후에 나타났다.
마셜 맥루한은 음독은 말과 의식이 신체적으로 연결되어 있었는데 묵독을 하면서 '무의식'이 발생했을 것이라고 추측하고 있다. 음독을 하면 소리나 문자가 말의 의미를 신체 일부에 지속적으로 울리면서 연동을 시킨다. 노래를 부르는 걸 연상해보면 문자를 몸에 넣어 소리로 나타내는 것이다. 하지만 묵독은 시각에 의지하여 보게 된다.

11) 세 권의 책 연결하기

원하는 책이 눈에 들어왔다면 관련 서적 두 권을 더 찾아 연결하여 읽는다. 좌측과 우측에 배열을 해서 쉽게 찾을 수 있도록 한다. 지식의 배치도를 그리고 1년에 한 번 정도는 책장의 책을 다시 정리한다. 자신이 관심을 가지고 있는 책은 상당히 빠르게 읽을 수 있다. 모든 책을 빠르게만 읽으려고 하는 속독은 피해야 한다. 같은 종류의 책을 여러 권 모아 읽게 되면 '의미의 닮은꼴'이 뇌에 만들어져 속도가 빨라진다.

12) 독서 훈련법

① 일본의 탄소라는 사람이 세운 '함의원'이라는 글방에서는 철저하게 구독을 시켰다. 구독은 한 구절을 읽고 해석하는 방법이다. 한 달에 한 번, 20명 정도를 모아 놓고 향을 한 개 태우는 동안 책을 읽게 하고, 두 개째 태우는 동안 그 감상을 쓰게 하고, 세 개째 태우는 동안 시를 쓰게

했다.

② 이케다 소안의 방법으로 엄권이라고 하여 책장을 조금씩 읽어 나갈 때마다 잠깐씩 책 읽기를 멈추고 책장을 덮은 다음 방금 읽은 내용을 머릿속에서 떠올리면서 되밟아 나가는 방법이다.
또 하나는 신독이라는 것으로 독서한 내용을 반드시 타인에게 제공하라는 것이다.

13) 여러 권을 동시에 읽기는 비슷한 종류의 책을 함께 읽고 '책에서 책으로' 읽는 것이다. 수많은 책이 네트워크처럼 연결되어 있는데 '빛을 발하고 있는 한 권'을 반드시 만나게 된다. 이를 '씨앗도서'라 부른다. '씨앗도서'는 처음부터 나오는 게 아니라 한참 뒤에 깨닫게 된다.

14) 독서의 철학

① 독서는 현상에서 혼란스럽게 느끼고 있는 사고나 표현의 흐름을 정돈해 준다. '치유'가 아니라 '정류'하는 것이다.

② 각각의 사고나 표현의 본질은 '유추'이고 '연상'이다. 융통성과 결합의 기술, 즉 조합하는 기술이 혁신을 만든다.

③ 궁지에 몰리거나 의욕을 상실했을 때는 '모호한 부분'이나 '아슬아슬한 영역', '그 외의 부분'을 고민하여 설명될 수 없는 창조성을 만들어 낸다.

10

독서 슬럼프와 극복방법

필자는 항상 책을 읽으려고 노력했지만 한동안 책을 읽지 못했던 적도 많다. 처음에는 100페이지에서부터 시작하여 차츰 책 읽기를 늘려서 한 달에 100여 권 이상을 읽기도 했다. 지금도 책 없이 다니면 불안하기 그지없다. 물론 앞으로도 그럴 것이다. 그래서 어딜 가나 항상 책을 가지고 다닌다. 대중교통을 이용하게 되면 앉으나 서나 무조건 책부터 끄집어낸다.

하지만 1,000권의 목표를 달성한 다음 책 읽는 게 시들해졌다. 마음은 책에 가 있지만 항상 읽을 수 있다는 자신감에 조금씩 책 읽는 것을 소홀히 하기 시작했다. 매일 하루도 쉬지 않고 책을 읽다가 하루를 쉬게 되고 이틀, 사흘, 일주일 점점 책을 읽지 않는 빈도수가 높아지기 시작했다. 이렇게 태만해지기 시작하자 책을 아예 손에서 놓고 독서모임도 시들시들해져 갔다.

또한 책을 읽는다고 해서 변화가 곧바로 나타나지 않는다. 열심히 책을 읽었지만 성과가 더디고 많은 시간을 할애하여 책만 읽는 게 잘하고 있는 것인지 의심과 회의가 들기도 한다. 지금껏 해온 독서가 다 헛것인 것처럼 느껴지기도 한다.

한번 책을 손에서 놓자 다시 잡는 게 쉽지 않았다. 1,000권을 읽는 동안 많은 에너지를 얻었지만 반면 많은 걸 잃었다. 직장생활을 하며 하루에 3권을 읽는다는 것은, 책 읽는 것 이외에 다른 일을 거의 할 수가 없다.

새벽부터 밤늦도록 책을 읽어야 하고 주말 역시 책에 매달려 있지 않으면 이룰 수 없다. 당연히 가정 일에 소홀해지고 친구들과의 모임, 심지어 회사업무에도 타격이 생길 정도의 무리가 따랐다.

이렇게 열정을 쏟을 수 있었던 건 1,000권 읽기라는 목표가 있었기 때문인데 목표달성이 완성되자 마음이 급격히 시들해져 버렸다. 27년 동안 광적으로 다녔던 낚시도 3년 동안 책을 읽으며 거의 다니질 않았다. 또한 주말에 쉼 없이 달리다 보니까 항상 피곤이 누적되어 얼굴이 수척해졌다. 주위에서 무슨 병이 있느냐고 질문할 정도였다.

책을 놓고 낚시를 가며 휴식을 취하자 둑이 터져 물이 쏟아지듯 미친 듯이 낚시를 다니게 되었다. 책은 담을 쌓을 정도로 멀리하기 시작했다. 가만히 앉아서 책을 보기보다는 맑은 하늘을 벗 삼아 자연과 더불어 다니는 게 훨씬 좋았다. 책상에 앉으면 자꾸 손맛이 그리워져 책이 눈에 들어오지 않았다.

오디오북도 100회 이상 듣자 이제 그 소리가 그 소리 같고 감동보다는 지겹다는 생각이 들었다. 강의 역시 마찬가지였다. 주옥같은 삶의 스토리들이 뻔한 스토리로 들리기 시작하고 가슴 한구석에 자만이 자라기 시작했다. 하지만 늘 마음 한구석에는 이러면 안 되는데 하는 불편함이 자리하고 있었다.

슬럼프는 오랫동안 책을 잡지 않아도 오지만 작은 성공을 했을 때도 온다. 반대로 오랫동안 책만 잡고 있어도 온다. 이렇듯 한 가지에 너무 오랫동안 변함없이 열중하다 보면 슬며시 슬럼프가 다가온다. 또한 몸에도 경고를 보낸다. 적절한 휴식을 하도록 몸이 말을 한다. 그걸 거부하면 병을 보낸다. 그래도 말을 듣지 않으면 입원을 하게 만든다.

아무리 뛰어난 운동선수도 슬럼프는 오게 마련이다. 슬럼프가 오면 벗어나기 위해 발버둥치기보다는 쉬면서 극복방법을 찾아보는 게 좋다. 책을 읽다가 슬럼프가 찾아오면 한 발짝 뒤로 물러서서 재충전의 기회를 가져보자. 다이어트에서 극심하게 음식 절제를 하면 요요 현상이 몇 배로 강하게 오듯이 독서슬럼프가 강하게 오면 편안하게 쉬는 게 좋다.

독서 슬럼프와 극복방법

슬럼프가 오면 쉬는 게 중요하다.

마음이 급할수록 내려놓는 게 중요하다. 충분한 휴식을 위하여 여행을 다녀오는 것도 좋고, 영화를 보거나 맛집을 찾아다니며 음식을 먹는 방법도 있다. 충분한 휴식을 취하면 다시 시작하는 데 도움이 되기는 하지만 시동이 꺼진 자동차에 다시 시동을 걸어야 하듯 점화 장치가 필요하다.

독서모임에 참석하라

점화장치는 독서를 같이 할 수 있는 독서모임에 참석하는 방법을 권해주고 싶다. 내가 지쳐 있는 동안에도 열심히 달리고 있는 사람들을 보면 강한 자극이 되고 멈춰 있는 자신을 반성하게 된다. 또 한 가지 방법은 대형서점이나 도서관을 가면 자극이 된다. 잡지나 새로운 분야의 얇은 책들을 두서없이 읽어보는 것도 도움이 된다.

새로운 목표를 정해라

작은 목표를 달성하거나 한 가지 일을 오랫동안 지속하다 보면 슬럼프가 오게 된다. 이런 슬럼프를 극복하기 위해서는 작은 목표를 다시 정하면 극복할 수 있게 된다.

독서방법을 다르게 해보는 방법도 있다

일정시간을 정해놓고 빠르게 읽는 연습도 좋고 특정시간에는 하던 일을 멈추고 무조건 책 읽는 시간으로 만들어도 좋다. 한계점을 뛰어넘는 방법도 권해주고 싶다. 자신이 하루에 읽었던 최대의 양을 넘어서는 것이다. 예를 들어 100쪽을 읽었다면 1권 독파하기도 좋다.

나는 하루에 21권을 읽은 적이 있다. 새벽 3시 50분에 기상하여 23시까지 식사시간을 제외하곤 책을 읽었다. 그러나 굳이 이런 방법을 권하고 싶지는 않다. 하지만 자신의 한계선을 만들지 말고 나름대로 목표를 만들어 도전해 보기를 권한다. 자신이 할 수 있는 한계보다 조금 더 높게 목표를 정하는 것이 열정을 만들어내고 슬럼프도 극복할 수 있게 도와준다.

독서 슬럼프에 빠졌다가 극복을 하고 나면 조금 더 성장한 자신을 발견하게 될 것이다. 자신의 한계를 조금씩 넘어 설 때 느껴지는 쾌감은 이루 말할 수 없이 좋다. 하지만 자칫 너무 책에 매달려 일상에 지장을 주어서는 안 된다. 경계가 참 모호하고 어렵다.

마감 일자와 시간을 만든다

마감 일자를 만들면 집중 효과가 좋아진다. 마감 일자를 만들어 놓고 좀 더 빠르게 끝내려고 노력한다.

하지 않으면 안 되는 상황을 만들어라

나는 아침마다 수영을 한다. 처음에는 눈뜨기가 정말 힘들었다. 그리하여 저녁에 수영을 해봤는데 약속이나 다른 스케줄이 생기면 못 가는 날이 다반사였다. 그래서 시간을 아침으로 바꾸었다. 특별한 이유가 없는 한 간다.

기상을 하면 일단 이불 밖으로 나와야 한다. 필자 같은 경우 화장실로 가는데 이유는 일단 이부자리를 벗어나야 잠을 깰 수 있기 때문이다. 눈을 감고 있더라도 움직인다. 알람을 맞춰 놓고 한 달 정도 이런 싸움을 계속했다. 처음 시작하면 낮에는 무척이나 졸리다. 이럴 때는 점심시간에 15분 정도 조각 잠을 자면 된다.

이렇게 6개월이 지나면 몸에 습관이 된다. 건강은 잃기 전에 습관을 들이는 게 좋다.

좋아하는 일을 하라

과연 내가 좋아하는 일이 몇 개나 될까? 좋아하는 일을 할 때는 어려움도 즐거움이 된다. 초등학교 3학년인 아들 녀석은 레고를 무척 좋아한다. 7살 때는 자동차를 무척 좋아했었다.

레고와 관련된 책을 사주었는데 어느 날 아내가 혼자 만들기에는 힘든 견인차 레고를 사왔다. 그리하여 아들 녀석과 같이 조립을 시작했는데 밤 12시가 다 되어 피곤이 몰려왔다. 그래서 오늘은 그만하자고 했지만 아들은 초롱초롱한 눈망울로 끝까지 조립하자는 것이었다. 하지만 출근도 해야 하기에 억지로 녀석을 재우며 내일 다시 하자고 달랬다. 그렇게 하루가 지났다. 다음 날 내가 퇴근하기를 손꼽아 기다리던 녀석은 집에 도착해서 옷도 갈아입기 전에 레고를 맞추자고 했다. 그렇게 둘째 날도 밤 12가 돼서야 겨우 다음 단계를 마무리할 수 있었다.

3일째 되는 날 자동차를 완성했는데 레고의 디테일에 놀랐다. 정교한 것은 물론이고 움직임까지 섬세하게 설계되어 있었다. 어른들도 반하도록 만들어놓은 것이다.

처음에는 단순히 몇 조각으로 시작해서 자동차를 만들던 녀석이 10살이 된 지금은 웬만큼 어려운 레고도 혼자 맞춘다. 레고를 맞추려고 밤늦은 시간까지 며칠을 버티며 조립하고, 누가 깨우지 않아도 새벽에 일어나서 혼자 조립한다. 가족끼리 TV를 보고 있을 때도 혼자 거실에서 레고를 맞춘다.

이렇듯 좋아하는 일을 하면 지치지 않고 즐길 수 있다. 이제는 학교에서 로봇 조립을 하는데 레고에 응용해서 한 단계 확장된 놀이를 하고 있다. 하지만 '숙제하자~!'고 하면 바로 이불 속으로 들어간다.

슬럼프 극복 중 가장 중요한 것은 다시 시작하는 것이다

책 읽기가 잘 안 될 때는 잠시 모든 것을 내려두는 것도 좋은 방법이다. 쉼 없는 전진은 에너지를 비축할 시간이 없기 때문에 오래 가지 못한다. 지치지 않고 가는 방법은 좋아하며 즐기는 것이 최선인 것 같다. 하지만 놓았던 책을 다시 집어 들고 성장을 위해서 나아가야 한다. 무슨 일이 생기더라도 독서의 끈을 놓지 않고 지속적으로 노력해야 한다. 지치고 힘들더라도 다시금 나를 일으킬 수 있는 힘이 바로 책이다.

제2장

3P 바인더 그게 뭘까

NO.
DATE

씨앗 심기

열매를 맺기 위해서는 잘 고른 씨앗을 심어야 한다.
씨앗을 심기 전에 밭이나 논을 갈아야 한다.
딱딱하거나 돌멩이가 있는 곳을 정리하는
작업을 거쳐야만 나무가 잘 자란다.
정리 작업은 맨손으로 하는 것보다
도구를 사용하는 것이 효율적이다.
도구가 있다고 하더라도 운용방법을 모르면 무용지물이 된다.
수많은 교육과 강의가 있지만 나에게 꼭 필요한
도구를 찾아 운용방법을 익혀야 한다.
어려운 것보다는 쉽고 강력하며 습관이 되어
자신도 모르게 사용할 수 있는 도구를 가져야 한다.

Reading & Writing

3P Binder란

한낱 평범한 직장인이었던 필자는 그럭저럭 회사생활에 만족하며 살았다. 그렇다고 회사 생활을 열심히 하지 않았다는 이야기가 아니다. 나름대로 치열한 경쟁 속에서 살았다. 하지만 늘 경쟁에서 밀리는 경험을 맛봐야 했다. 뭐가 문제인가? 분석도 해보았지만 몇 번 계속되는 실패에 어느덧 익숙해져 버렸다. 도전도 성과도 점점 시들해져 회사에 시계추처럼 왔다 갔다만을 반복하게 되었다.

그러던 어느 날 마치 운명같이 박상배 팀장의 소개로 3P Binder(Professional, Performance, Process)를 만나게 되었고 이후 인생의 새로운 전기를 맞이하게 된다.

비서를 옆에 두다

평범한 사람이 슈퍼맨이 되지 않고도 평범 이상의 탁월한 성과를 올릴 수 있는 방법은 바로 3P 바인더에 숨어 있다.

커뮤니케이션 스타일Communication Styles에서 소개하겠지만 사람은 5가지 유형으로 나뉜다.

한국인 100명을 커뮤니케이션 스타일을 진단해보면 70%가 People형이라고 한다. 반면 미국이나 독일을 보면 Process형이 70%라고 한다. 생산성은 Process형이 월등하다. 선진국 사람들을 보면 규정과 절차에 충실하다. 상하관계보다는 수평관계가 주류를 이룬다. 반면 한국은 "정" 때문에 일을 그르치는 경우가 많다.

필자 역시 Action-People형이었다. 책을 읽거나 글을 쓰는 걸 정말 싫어했다. 주위 사람의 말을 듣고 정확히 알지 못하는 상태에서 일처리를 하면 꼭 중요한 걸 빼먹는 실수를 많이 했다. 특히 시험을 치러보면 결과가 명백하게 나타났다. 문제를 충분히 읽고 이해를 한 후 정답을 적어야 하는데, 지문을 끝까지 읽지도 않고 답을 적는 경우가 많았다. 당연히 점수가 좋게 나올 리가 없었다.

또한 가족과 식사 약속을 한 날 갑자기 오랜만에 친구에게 연락이 와서 얼굴만 보고 가려고 했는데, 분위기를 망치지 않기 위해 끝까지 있다가 오히려 가족과 약속을 못 지켜 집사람에게 잔소리를 듣기 일쑤였다.

이렇게 준비되지 않은 행동이 먼저 되고, 정에 이끌려 거절을 못 하던 내가 바인더를 쓰면서 프로세스가 강화되었다. 준비되지 않은 모임은 거절을 하게 되고, 늘 시간에 쫓기던 내가 여유를 찾게 된 것이다. 한국인들이 가장 약한 부분인 프로세스를 강화하는 방법은 기록하고 실천하는 데 있다.

프로세스가 습관화되지 않아 원점으로 돌아가는 현상을 방지

성과를 올리기 위해서는 프로세스가 습관화되어야만 체계적으로 이루어진다. 한 가지 예를 들어보자면 업무 인수인계 시 술을 잔뜩 마시고 다음 날이면 정신이 몽롱한 상태에서 인수인계가 끝이 되어 버린다. 아니면 악수를 나누며 "잘해봐, 자식아." 하며 끝나는 경우도 있다. 이처럼 프로세스가 갖추어져 있지 않으면 회사에서 가장 중요하다고 할 수 있는 업무인수 인계가 말로만 끝나버리는 경우가 허다하다. 이렇게 업무인수인계가 끝난다면 업무가 제대로 이루어질 수 있을까? 특히 신입사원이 입사를 했을 경우 프로세스적인 시스템이 없다면 체계적인 업무를 습득할 수 있을까?

승진을 할 때도 비슷한 경험을 해보았을 것이다. 선배가 다른 곳으로 전출이라도 가면 업무파악을 하느라 많은 시간을 허비한 경험이 있을 것이다. 이처럼 프로세스는 성과뿐만 아니라 업무 인수인계 등 많은 부분을 차지하고 있다.

미국이나 독일 등 선진국의 사례를 살펴보면 철저하게 모든 것이 문서로 이루어진다. 딱딱하게 생각될지는 모르지만 업무가 변경되더라도 매뉴얼만 읽어보면 처음 맡은 업무도 규정대로 처리할 수 있게 되어 있다. 대기업도 이런 시스템은 잘 갖추어져 있다. 이 모든 것의 바탕은 프로세스가 생산성과 연관이 있기 때문이다. 비단 기업에서만 프로세서가 필요한 것은 아니다. 개인 역시 필요한데 습관화되지 않으면 어느 순간 나태해지게 마련이다. 이러한 현상을 방지하기 위한 방법이 바인더를 사용하며 기록을 하고 보조 바인더로 확장하는 작업을 하면 자연스럽게 습관화되기 시작한다.

나만의 시스템을 만들어 차별화된 전략을 꾸준히 유지할 수 있는 도구로 바인더를 활용하기 바란다.

바인더를 사용하는 사람들 중 내용이 똑같은 사람은 하나도 없다. 마치 지문이 사람들마다 다르듯 바인더 역시 개인마다 개성 있는 시스템을 가지게 된다. 업무에 따라 학업을 체계적으로 하다 보면 각자 나름의 방법이 생긴다.

커뮤니케이션 스타일 분석 (C-SAIL : The Communication Styles and Abilities Inventory for Leaders)

소통의 중요성은 일상생활에서부터 사회생활에 이르기까지 광범위하게 펼쳐져 있다. 그럼에도 소통이 원활하지 않으면 문제가 발생하게 된다. 그럼 독서를 할 때 책과의 소통은 얼마나 되고 있을까? 책을 구매하거나 책을 읽는 방법을 커뮤니케이션스타일에 따라 살펴보자.

의사소통의 유형

커뮤니케이션 스타일은 크게 Action형, Process형, People형, Idea형, 네 가지 스타일을 혼합한 블랜드형으로 나뉜다.

Action형은 말보다 행동이 먼저 이루어지는 사람들이다.

충동적이고 경솔해 보일 수 있으며, 성취와 목표에 관심이 많다. '현재'와 '여기서'를 중요시하며 한 번에 여러 가지 일을 동시에 처리하려고 하는 유형이다.

Process형은 일처리를 세심하고 완벽하게 처리하려는 사람들이다.

스케줄을 중시하고 분석적이며 계획적이다. 말보다는 보고서로 보는 게 편하고 계획 없이 일하는 것을 싫어한다.

People형은 사람을 좋아하고 나보다는 상대의 마음을 생각하고 배려하는 걸 중요시하는 사람이다.

대화하는 것과 사람들과 어울리는 것을 좋아한다.

Idea형은 몽상과 이상에 관심이 많다.

세심한 것보다는 큰 개념, 이론 원리를 중요시한다. 미래를 내다보는 것을 좋아하고 추상적이다.

블랜드형은 4가지 유형의 장 · 단점이 골고루 섞여 있는 사람이다.

2가지 유형의 혼합형으로, Action-People형, 또는 Process-

Idea형과 같은 형태로 불린다.

커뮤니케이션 스타일별 특징

Action형은 'What', 즉 '무엇', '사건'에 대하여 관심이 높다.
Process형은 'how', 즉 '방법', '절차'에 대하여 관심이 높다.
People형은 'who', 즉 '누구', '사람'에 대하여 관심이 높다.
Idea형은 'Why', 즉 '왜', '이유', '개념'에 대하여 관심이 높다.

책을 구매하는 방법을 유형에 따라 알아보자.

Action형

'생각하기 전에 책을 먼저 구매하는 스타일이다.'

내용을 확인하지 않고 인터넷에서 구매 버튼을 먼저 누르고 난 다음 생각을 하는 사람들이다. 누가 추천을 했는지 왜 구매하는지 생각하기보다는 누군가 사라고 하면 먼저 사는 유형이다. 책꽂이에 똑같은 책이 두 권 꽂혀 있는 경우가 많다. 책을 읽는 도중 다른 일이 생각나면 다른 일을 처리한다. 책을 읽지 않았더라도 독서모임에 제일 먼저 나와서 기다리는 사람이다. 말보다는 행동이 먼저 앞서는 사람들이다.

Process형

'책을 분석하고 구매하는 스타일이다.'

책의 저자는 물론 어느 출판사의 것인지 어떤 장르의 책인지, 새 책과 중고 책과 어떤 게 더 저렴한지, 가격과 사이트별 비교는 물론 꼼꼼하게 분석하고 구매를 결정하는 사람이다. 책을 읽을 때도 제목부터 목차까지 도표는 물론이고 그림까지 분석해가면서 책을 읽는다. 역사책을 읽을 때는 연도와 인물구성이 어떻게 되는지 종이에 적어가며 읽는 유형이다.

People형

'작가를 보고 구매를 한다.'

감성을 울리는 종류의 책을 좋아하고 책을 빨리 읽지 못한다. 단락 하나하나 곱씹어보며 책을 읽는 스타일이다. 마음에 드는 문구나 가슴속에 파고드는 문장을 보며 눈물을 흘리는 사람이다. 또한 좋아하는 작가의 책이 생기면 반드시 구매를 한다. 하지만 감성에 치우쳐 편식독서의 위험에 빠질 수 있다. 여러 방면의 책을 두루 읽도록 해야 한다.

Idea형

'자신의 마음에 드는 책만 구매한다.'

책을 왜 선택했는지 나에게 정말 필요한 책인지가 중요하다. 주위의 추천에도 불구하고 자신과 맞지 않다고 생각하면 구매를 하지 않는다. 책을 읽다가도 중간에 아니다 싶으면 바로 덮어버리는 사람이다. 하지만 필요하다고 생각되는 책은 깊이 빠져들어 읽는 스타일이다.

커뮤니케이션 스타일별 강점과 약점

Action형

강점

추진력이 대단하고 결단력이 좋다. 상황에 대한 적응력과 책임감이 높으며 일을 잘 조직하고 활동적이다. 늘 활력이 넘친다.

약점

좁은 시야로 상대방에 민감하지 못하고 인내심이 부족하다. 과도한 추진력으로 많은 일을 벌려놓고 마무리를 못 하는 경우가 흔하다. 충동적이고 경솔한 것을 주의해야 한다.

Process형

강점

논리적이어서 신뢰를 준다. 사고력이 풍부해서 행동 전에 생각하고 계획하여 실행을 한다. 인내심도 강하고 성실하여 이상과 현실을 적절하게 잘 조합한다.

약점

좁은 시야로 외곬적인 면이 있다. 계획적이고 철저한 모습이 오히려 주변 사람들에게 인간미가 없다는 소리를 들을 수 있다. 결과보다는 지나친 신중함으로 업무 자체를 추진하지 못하는 경우가 있다.

People형

강점

사람에 대한 통찰력과 이해심이 많고 동점심도 많다. 남을 쉽게 용서하고 관용을 잘 베푼다. 사람들에게 자상하고 진지하게 다가간다.

약점

다른 사람을 챙기다 보니 정작 자신의 일을 하지 못하는 경우가 많다. 사람을 쉽게 믿고 좋아하는 만큼 쉽게 상처를 받기도 한다.

감성적이고 주관적이라 싫은 소리 한마디 못 하고 거절을 못 하는 게 가장 큰 약점이다.

Idea형

강점

창의적이며 비판적이다. 개혁에 의지가 강하여 자신의 소신이 분명하다. 이상적이고 자신감이 넘치며 자립심이 강하다. 자신의 뜻을 분명히 밝힌다.

약점

비현실적인 면이 강하고 인간관계가 좋지 못한 경우가 많다. 사람들과 화합하기보다는 속단하고 직설 화법으로 상대에게 상처를 주기도 한다.

블랜드형

강점

모든 사람들과 잘 통한다. 다재다능하여 상황에 쉽게 적응하고 다양한 관점에서 바라본다. 네 가지 유형이 혼합되어 있기에 중간 역할과 유연성을 겸비하고 있다.

약점

다재다능하고 능력자인 것처럼 보이지만 깊이가 없고, 철저하지 못하며, 일관성이 부족하다. 또한 여러 가지를 신경 쓰다 보니까 정신상태가 혼란하여 산만한 경우가 많다.

커뮤니케이션 스타일 점검표

다음 80개의 질문은 두 개가 하나의 짝이 되어 있다. 둘 중에 자기에게 가장 가깝다고 생각되는 내용의 번호를 선택하면 된다.

□ 1. 나는 활동을 좋아한다.
□ 2. 나는 문제를 체계적/조직적으로 다룬다.

□ 3. 나는 변화를 무척 좋아한다.
□ 4. 나는 개인 활동보다 팀 활동을 더 효과적이라고 믿는다.

□ 5. 나는 사람들과 함께 일하는 것을 즐긴다.
□ 6. 나는 과거보다 미래에 더 관심이 많다.

□ 7. 마감일을 지키는 것이 내게는 중요하다.

□ 8. 나는 조직이 잘된 그룹 모임에 나가는 것을 좋아한다.

□ 9. 나는 미루는 것을 견딜 수 없다.

□ 10. 새로운 제품은 먼저 테스트해 본 후 사용해야 한다고 믿는다.

□ 11. 무슨 일이든지 나는 새로운 가능성을 찾아본다.

□ 12. 나는 다른 사람들과 얘기하고 활동하는 것을 좋아한다.

□ 13. 나는 나 자신의 목표를 세우기를 원한다.

□ 14. 한 가지 일을 시작하면 나는 끝까지 해내는 것을 좋아한다.

□ 15. 나는 주위 사람에게 도전을 잘한다.

□ 16. 나는 기본적으로 다른 사람들의 감정을 이해하려고 노력한다.

□ 17. 나는 내가 수행한 일에 대한 결과와 반응에 대해 듣기를 좋아한다.

□ 18. 나는 일을 한 단계씩 처리해 나가는 것이 효율적이라고

생각한다.

□ 19. 나는 사람들의 생각을 잘 알아차리는 편이다.

□ 20. 나는 창의력을 발휘하여 문제 해결하는 것을 좋아한다.

□ 21. 나는 항상 미래에 대해 생각한다.

□ 22. 나는 다른 사람들의 필요에 대해 민감하다.

□ 23. 계획은 성공의 열쇠이다.

□ 24. 나는 오래 생각하고 숙고하는 것을 보면 견디기가 힘들어진다.

□ 25. 나는 압력 속에서 침착하다.

□ 26. 나는 경험을 매우 중시한다.

□ 27. 나는 다른 사람들에게 귀를 기울인다.

□ 28. 사람들은 내가 생각의 회전을 잘한다고 한다.

□ 29. 협력은 내게 가장 중요한 단어이다.

□ 30. 나는 대안을 시험하기 위해서 논리적인 방법을 사용한다.

- [ ] 31. 나는 항상 스스로 질문을 해본다.
- [ ] 32. 나는 한꺼번에 여러 가지 일을 다루는 것을 좋아한다.

- [ ] 33. 나는 실제로 무엇을 해봄으로써 배운다.
- [ ] 34. 나는 내 머리가 내 마음을 지배한다고 믿는다.

- [ ] 35. 나는 자세한 것을 싫어한다.
- [ ] 36. 나는 사람들이 어떤 행동에 어떻게 반응할 것인가를 예측할 수 있다.

- [ ] 37. 행동하기 전에 반드시 분석을 해봐야만 한다.
- [ ] 38. 나는 어떤 그룹의 분위기를 알아차릴 수 있다.

- [ ] 39. 나는 나 자신이 무슨 일에나 결정을 확실하게 잘 내린다고 생각한다.
- [ ] 40. 나는 일을 시작하고 끄내지 않는 경향이 있다.

- [ ] 41. 나는 도전적인 일을 찾아서 한다.
- [ ] 42. 나는 관찰과 통계 자료를 신뢰한다.

□ 43. 나는 내 감정을 외적으로 표현할 수 있다.

□ 44. 나는 새로운 일을 설계하기를 좋아한다.

□ 45. 나는 독서를 매우 즐긴다.

□ 46. 나는 나 자신을 "조력자"라고 생각한다.

□ 47. 나는 한 번에 한 가지 씩만 집중해서 하는 것을 좋아한다.

□ 48. 나는 성취하는 것을 좋아한다.

□ 49. 나는 다른 사람들에 대해 배우는 것을 좋아한다.

□ 50. 나는 다양한 것을 좋아한다.

□ 51. 나는 사실만을 믿는다.

□ 52. 나는 가능한 한 상상력을 많이 사용한다.

□ 53. 나는 오래 걸리고 진척이 느린 일들을 싫어한다.

□ 54. 나는 생각을 쉴 새 없이 한다.

□ 55. 중요한 결정은 조심스럽게 내려야 한다.

□ 56. 나는 일을 수행하기 위해서는 서로 도와야 한다고 굳게 믿고 있다.

□ 57. 나는 별로 깊이 생각하지 않고 결정을 내린다.

□ 58. 감정은 문제를 일으킨다.

□ 59. 사람들이 나를 좋아하면 기분이 좋다.

□ 60. 나는 생각이 잘 돌아간다.

□ 61. 나는 사람들에게 나의 새로운 아이디어를 시도한다.

□ 62. 나는 과학적인 접근 방식을 믿는다.

□ 63. 나는 일이 되게 하는 것을 좋아한다.

□ 64. 좋은 대인관계는 필수적이다.

□ 65. 나는 충동적이다.

□ 66. 나는 사람들의 차이점을 용납한다.

□ 67. 나는 지적으로 자극되는 것을 좋아한다.

□ 68. 사람들과 커뮤니케이션을 하는 것 자체가 하나의 목적이다.

□ 69. 나는 조직하는 것을 좋아한다.

□ 70. 나는 흔히 이 일을 했다 저 일을 했다 하는 경향이 있다.

□ 71. 자기 성취는 나에게 매우 중요하다.

□ 72. 사람들과 더불어 이야기하고 일하는 것은 창조적인 행위이다.

□ 73. 나는 아이디어 내는 것을 즐긴다.

□ 74. 나는 시간 낭비하는 것을 싫어한다.

□ 75. 나는 내가 잘하는 일을 하기를 즐긴다.

□ 76. 나는 다른 사람들과의 상호교류를 통하여 배운다.

□ 77. 나는 자세한 것을 잘 참는다.

□ 78. 나는 추상적인 것이 재미있고 즐겁다.

□ 79. 나는 간결하고 핵심을 찌르는 말을 좋아한다.

□ 80. 나는 나 자신에 대해 자신감을 갖고 있다.

Style 1 : 1 7 9 13 17 24 26 32 33 39 41 48 50 53 57 63 65 70 74 79 ( )

Style 2 : 2 8 10 14 18 23 25 30 34 37 42 47 51 55 58 62 66 69 75 77 ( )

Style 3 : 4 5 12 16 19 22 27 29 36 38 43 46 49 56 59 64 68

72 76 80 (   )

Style 4 : 3 6 11 15 20 21 28 31 35 40 44 45 52 54 60 61 67 71 73 78 (   )

Blend : 최댓값과 최솟값의 차이가 5 미만일 때는 Blend형임.

※ 번호에 체크하여 개수를 (   ) 안에 기록한다. 가장 많은 숫자가 자신의 스타일이다.

'묘비명', 이렇게 써라

인생의 계획을 세우는 것은 정말 중요하다. 평생계획부터 일일계획까지 일목요연하게 짰더라도 더 큰 고민을 해보아야 한다. 바로 사명이다. 묘비명에 무엇이 쓰일 것인가? 대부분의 사람들이 생각해 보지 않은 영역을 고민해본 사람과 그렇지 않은 사람과는 큰 차이가 난다.

사명이 만들어지면 목표를 위해 달려갈 때 스트레스를 적게 받고, 삶의 활력을 되찾게 되며, 해야 할 일을 쉽게 결정하게 될 뿐만 아니라, 의미를 발견할 수 있게 된다. 그러므로 반드시 사명을 정하는 일을 먼저 해야 한다.

이 사명을 정하는 영역은 전문가를 찾는 것도 도움이 된다. 평생 쓸 수 있는 에너지를 혼자 만드는 것은 한계가 있다. 필자는 내 삶의 사명을 정하고 난 후 변화된 모습을 발견하게 되었다.

내 사명은 "촛불의 삶으로 인류의 삶과 희망을 찾게 하는 세상을 만드는 것이다."이다. 또한 수신제가치국평천하修身齊家治國平天下를 하기 위해 노력하고 있다.

사명이 정해졌으면 혼자보다는 가족이나 지인들이 함께하면 좋다. 두 사람 이상이 한 사람보다 나은 이유는 넘어지면 붙들어 일으켜 주거나 일어설 수 있는 힘을 주기 때문이다. 수많은 리더들에 관련한 책을 보면 나름대로의 사명과 철학이 있다. 처음에는 자신의 발전을 위해서 노력을 하게 되고 어느 정도 전문가가 되면 주위를 돌아보며 가족을 챙기고, 자녀들이 성장하고 나면 주위 사람들이 보이기 시작한다. 물론 동시에 하는 사람들도 있겠지만 대부분의 사람들은 단계를 거쳐야만 비로소 주위를 둘러볼 수 있는 여유가 생긴다.

하이테크 하이터치라는 말이 있다. 문명이 발달할수록 자녀와 함께 도란도란 이야기를 나누고 밝아오는 아침햇살을 받으며 조용히 마시는 차의 향기, 힘없고 가난한 이웃들에게 주는 사랑의 손길, 사랑하는 사람들과 모닥불 앞에서 밤벌레 우는 소리를 듣고, 쏟아지는 별을 바라보며 나누는 대화 등 인간을 참으로 인간 되게 하는 영혼의 터치가 바로 하이터치다.

인간 된 삶을 살기 위해서는 먼저 갖추어야 할 것들이 있다. 사람을 돕고 싶어도 주어진 임무를 완수할 수 있는 능력과 전문성을 가지고 있지 않다면 사상누각이 되어버리고 만다. 예를 들어 큰 배를 운항해야 하는데 방법을 모른다면 문제가 발생한다. 그렇기 때문에 자신에게 주어진 임무를 감당하기 위해서는 끊임없이 자신의 능력과 전문성을 갈고 닦아야 한다. 새로운 엔진의 배가 나왔다면 새롭게 공부를 해야 하는 것이다.

공부는 평가를 통해서 업그레이드되고 재조명할 수 있게 된다. 평가는 발전을 위한 필요 조건 중 하나다. 사명을 만들고 길게는 평생, 짧게는 일 년, 월, 주, 일 순으로 평가를 해보고 연말에 이룬 것과 이루지 못한 것들을 구분하여 이월해서 다시 도전하는 시스템이 바로 평가다. 외유내강형 인간을 꿈꾼다면 자신에게 철저할 필요가 있다. 자신의 장점과 단점을 평가하고 오늘보다 조금 더 발전된 내일을 위해 노력을 한다면 평가는 훌륭하다고 할 것이다.

남과 비교하고 경쟁을 하기보다는 자신에게 도전하고 반문하며 노력을 한다면 그 어떤 경쟁자보다도 강하게 성장해 나갈 수 있다. 또한 사명을 이루기 위한 비전과 전략을 수립하여 차근차근 실행을 한다면 어제의 나보다는 오늘의 나, 오늘의 나보다는 내일의 내가 발전하고 있는 모습을 볼 수 있게 된다.

발전하는 내 모습을 보며 행동으로 보여 주는 게 중요하다. 사명이 정해지고 훈련이 되어졌다면 주위에 나누어주고 실천을 하는 일이 남았다. 사명이 생기면 무한한 에너지의 원천이 만들어지는 것이다. 죽을 때까지 닳지 않는 에너지가 생긴다면 지금의 세상이 조금 더 나은 세상으로 만들어질 것이라 생각한다.

시스템과 프로세스를 통한 성과 향상 방법

경영자의 업무는 성과를 내는 것이다.

– 피터 드러커–

'3P 자기경영연구소'의 강규형 대표는 평범한 사람이 탁월한 성과를 올릴 수 있는 방법을 바인더에서 찾았다. 바인더는 10조 매출을 올리며 세계적으로 도약하고 있는 E-Land그룹 지식경영의 견인차 역할을 했고, 박성수 회장은 한국인이 약한 프로세스를 훈련시키기 위한 도구로 활용했다.

경영학의 대부로 불리는 피터 드러커를 통해 '경영자의 업무는 성과를 내는 것이다.'라는 모토를 가지고 경영자가 필요한 성과에 대하여 강규형 대표는 강조한다. 피터 드러커가 말하는 '성과'는 직접적인 성과와 가치창조와 재확인뿐만 아니라 인재육성이라고 역설하고 있다.

피터 드러커는 "성과는 타고나는 것이 아니라 습득할 수 있다." 고 말했다.

경영자란 회사를 운영하는 CEO뿐만 아니라, 독서를 통한 확장된 사고를 사용해서 성과를 올리는 지식근로자까지를 말한다. 1인 기업, 자기 경영을 하는 사람 역시 경영자라고 볼 수 있다. 강 대표는 3PProfessional, Performance, Process에 대하여 강조를 하며 프로페셔널한 사람은 결과로 이야기한다고 말하고, 프로가 되려면 성과가 있어야 하는데 이는 프로세스를 바꾸거나 강화해야 한다고 하였다.

이에 따라 프로세스를 강화시키려면 3가지가 필요한데 첫째는 반복되는 문제점이 노출될 때는 대중적인 문제 해결보다는 시스템을 보완하거나 고쳐서 해결해야 한다. 둘째는 훈련을 통한 습관을 들여야 한다. 셋째는 이론으로 그치지 않고 실천과 적용이 가능한 구체적인 방법이 있어야 한다.

강 대표는 바인더가 훌륭한 개인 시스템인 동시에 조직 시스템을 실천할 수 있는 좋은 도구라고 강조한다. 특히 서브바인더의 중요성을 강조하고 있는데 지식의 파워가 쌓이는 것이 바로 백업 시스템이다. 또한 바인더를 사용하는 순간부터 자신을 변화시키는 훈련을 시작할 수 있다.

바인더를 독서에 접목하면 탁월한 성과를 이룰 수 있다. 대부분의 사람들은 한 가지의 목표가 달성되는 순간 노력을 그만둔다. 하지만 독서를 평생 한다는 생각으로 꾸준히 접목하여 실천하고 있는 강 대표를 보며 감히 범접할 수 없는 내공을 느꼈다.

그의 사무실과 집에 가보면 가장 먼저 눈에 보이는 것이 서재다. 책장 가득 쌓여 있는 책들을 살펴보면 밑줄을 치고 메모가 적혀 있는 흔적이 고스란히 남아 있다. 강 대표의 철학이 책에서부터 출발했다는 것을 단적으로 알 수 있다.

책을 많이 읽는 사람은 왠지 지식이 깊을 것 같은 느낌과 보이지 않는 존경심이 생긴다. 또한 이미지에서 풍기는 부드러운 카리스마가 녹아 있다.

양재 사무실 지하에서 밖으로 나오다 보면 계단에 "국가와 인류에 공헌하기 위해서 떠나라."라는 문구가 보인다. 그의 철학과 많은 생각을 하게 하는 문장이다.

일을 하는 이유는 성과를 내기 위해서다

3류 대학에서 최다의 노벨상을 받은 시카고 대학의 이면을 들여다보면 고전 읽기의 성과를 톡톡히 느낄 수 있다. 성과를 내기 위해서는 시스템과 훈련이 필요한데 대부분의 강의에서는 이런 것들을 찾을 수 없다. 또한 단기간의 훈련은 가능하지만 지속적 훈련은 제대로 할 수 없다는 단점이 있다.

한 번에 바꿀 수는 없겠지만 시스템을 만들고 편안하게 사용하면서 훈련도 되며 습관을 만들 수 있는 방법이 3P 바인더에 숨겨져 있다. 기록, 시간, 목표, 지식 등을 한 권으로 묶어 관리를 하는데 따로따로 신경 쓰며 정리를 하는 게 아니라 쓰다 보면 습관이 되고 순차적으로 적용을 할 수 있게 만들어져 있기 때문에 효율성 면에서 탁월하다.

프로세스는 기록이 중요하게 작용을 한다. 사람들의 기억에는 한계가 있기 때문에 기록을 해두는 게 중요하다. 또한 프로세스⇒생산성⇒성과로 이어지는 관계를 만들어야 하는데 이는 따로 분리된 것이 아니라 단계별로 이루어진다.

성과는 그래프로 표현해보면 한눈에 알아 볼 수 있어서 좋다. 따라서 스스로 부진사항을 분석해보고 진단하여 전략을 세우는 게 필요하다. 어렴풋하게 성과를 머릿속으로 추측하기보다는 숫자로 명확하게 보는 게 중요하다.

특히 분석을 할 때는 연, 월, 주, 일, 조금 더 자세하게 한다면 시간대별로 분석을 해볼 필요도 있다. 혼자 분석이 어렵다면 전문가를 찾아보는 것도 좋은 방법이다. 책을 읽으며 성과를 낼 수 있는 방법은 하찮은 일도 적어 보는 게 중요하다. 무슨 일이든 적용을 해보고 전후를 비교할 수 있는 방법은 기록밖에 없다.

일을 실패하는 이유는 여러 가지가 있겠지만 머릿속으로 생각을 하고 대충 짐작으로 일처리를 할 경우 그르치는 경우가 대부분이다. 사소한 경험과 자신의 실수를 돌아 볼 수 있는 건 바인더에 적어놓은 한 줄의 글이다.

탁월한 성과는 한 번에 이루어지지 않는다. 하나의 실수를 조금씩 수정하며 보완하여 성공을 이루는 기틀을 마련해야만 큰 성과가 이루어진다. 따라서 지금 하고 있는 일을 돌아보고 숫자로 기록을 해야 한다.

성과는 타인이 지시하거나 시키는 것만 한다면 효율성이 극히 떨어진다. 자기 자신이 생각하고 기획하는 순간 최대의 효과를 얻을 수 있다. 일을 할 때도 마찬가지 결과가 나타난다. 스스로 찾아서 하는 일은 즐겁기도 하지만 탁월한 성과를 올릴 수 있는 반면 강요나 의무적으로 일을 하다 보면 스트레스가 쌓이기 마련이다. 본인의 마인드를 경영자로 바꾸고 일을 하면 모든 일이 새롭게 보일 것이다. 성과는 자신을 컨트롤하는 게 우선되어야 하고 시스템과 프로세스를 통하여 보강해 나가는 게 중요하다.

삶의 다섯 가지 균형 있는 목표

목적이 없는 사람은 키 없는 배와 같다. 한낱 떠돌이요,

아무것도 아닌, 인간이라 부를 수 없는 사람이다.

- 토마스 칼라일(Thomas Carlyle) -

목표는 기대하는 결과를 말한다. 그래서 왠지 부담스럽다는 느낌이 먼저 다가온다. 무조건 앞으로 나아가야 한다는 느낌과 실패라는 두 가지 문제 속에서 고민하게 된다. 하지만 목표가 없이는 아무것도 달성할 수가 없다. 목표는 내 역할을 명확히 해주고 활동을 한 곳으로 집중하게 해주며 성과를 통하여 동기부여를 할 수 있게 만들어준다.

목표는 지속할 수 있는 힘이 있어야 하는데 여기에는 꿈을 통하여 에너지를 얻을 수 있다. 경쟁력과 성과를 내기 위해서는 효율적이고 효과적인 목표달성 방안을 강구해야 하고, 이것들이 실천될 때 달성될 수 있다. 특히 목표를 세우는 일도 중요하지만 달성할 수 있는 구체적인 방법이 있어야 한다. 한마디로 시스템화되어 습관이 될 수 있도록 만들어야 한다. 또한 IT 시대에 대응할 새로운 자신 경영시스템을 갖추어야 한다.

스마트기기들이 발달하면서 집단의 시대에서 개인의 시대로 바뀌었다. 1인 경영, 자기경영 시대가 도래한 것이다. 따라서 책임을 지고 역할을 명확히 하지 않으면 어느 사이 보이지 않는 글로벌 경쟁에서 서서히 도태되어 버린다.

자기를 경영하기 위해서는 계획을 세워야 한다.

우리는 여행을 떠날 때 계획을 세운다. 목적지를 정하고 내비게이션에 입력을 한다. 내비게이션은 현재의 위치와 목적지의 방향을 정확이 알려준다. 특히 초행길이나 밤이 되면 진가는 더욱 발휘된다. 혹 코스를 벗어나면 친절하게 메시지가 나와서 어렵지 않게 목적지에 도착하도록 해준다. 이처럼 계획은 도달해야 할 목표에 기본 방침을 입력하는 것과 같은 역할을 한다. 자신의 현재 위치를 늘 파악하고 혹 계획에서 이탈하거나 실패하더라도 수정이 가능해진다.

계획이 세워졌으면 이제 전략이 필요하다. 평생계획(사명)과 장기계획(비전) 10년, 중기계획(목표) 3~5년을 작성하고, 실행계획은 매년 수정을 거쳐 구체적으로 행동목표를 정하고 자가진단을 통한 스스로의 변혁을 실시해야 한다.

평생계획은 국가로 말하면 헌법이라 할 수 있다. 신중하게 고민하여 세우는 게 중요하다. 이에 따라 연도마다 변하는 것이 아니다. 장기계획은 평생계획을 하기 위해서 무엇을 해야 하는지 원하는 꿈과 모습을 그려보는 것이다. 중기계획은 장기계획을 실현하기 위해서 목표설정과 전반적인 틀을 갖추는 기준이다. 실행계획은 구체적인 방법과 일정, 시간계획 등을 짜보는 것이다. 이것은 바인더를 통해 한 번에 해결할 수 있다. 또한 늘 가지고 다니며 확인을 할 수 있다. 마음이 약해질 때마다 다시금 동기부여를 할 수 있다.

하고자 하는 힘을 의욕이라고 하는데 심리학적으로는 '욕구 충족을 위한 욕구'를 의욕이라고 한다. 본래 의욕은 욕구 안에 내재해 있는 것이고, 이 욕구를 행동으로 연결시키기 위해서는 목표가 필요하다.

동기부여의 첫째 조건은 목표를 가지게 하는 것이다.

목표를 가지는 것은 동물의 세계에서도 나타나는데 맹수는 배고픔을 해결하고 싶은 욕구와 사냥감이라는 목표가 있기 때문에 사냥을 한다. 목표 없이 의욕만으로는 절대 행동하지 않는다. 서투른 목표는 실패를 낳게 된다. 또한 전력을 다해야만 성공을 할 수 있게 된다.

유성환의 Mission

나의 사명은

촛불의 삶으로 인류의 삶과 희망을 갖게 하는 세상을 만드는 것이다.

이 사명을 수행하기 위해 나는

2016년까지 바인더독서 교육을 통하여 1억 명의 인재를 양성할 것이며,
유심수 재단 100개를 2023년까지 설립하는 것이다.

이를 위한 나의 역할은

1. 남편 : 아내를 내 몸과 같이 소중히 여기고, 사랑과 이해로 정성을 다하여 섬기겠다.
2. 아버지 : 정직하고, 건강하며 이웃을 사랑하며 사랑을 받고 올바른 생각과 감사하는 마음으로 mission과 Vision을 가진 가치 있는 인생을 살아가도록 노력하겠다.
3. 아들/사위/형제 : 부모님의 은혜를 알고, "넘치게, 아낌없이"를 원칙으로 용돈과 생활비를 드리고 정성껏 모시겠다.
   형제들과는(그 자녀까지) 진실한 우애로 사심 없이 봉사하겠다.

목표는 방향을 잘 설정하고 실행에 옮겨야 한다. 무조건 실행하다 보면 오류를 범할 수 있게 되는데, 다산 정약용은 북원적월北轅適越을 경계하라고 말하고 있다. 수레의 방향을 북쪽으로 틀어놓고 남쪽으로 가려하는 것을 말하는데 잘못된 목표를 설정하고 최선을 다하는 걸 경계하는 말이다. 목표를 세우는 것도 중요하지만 실행하는 것 역시 잘 살피고 해야 한다.

★ Juggling Game

삶이란 공중에서 다섯 개의 공을 돌리는 저글링 게임입니다. 각 다섯 개의 공에 일, 가족, 건강, 친구, 자기 자신(영혼)이라고 붙여 봅시다. 조만간 일이라는 공은 고무공이라서 떨어뜨리더라도 바로 튀어 오른다는 것을 알게 됩니다. 그러나 다른 네 개의 공은 유리공이라서 하나라도 떨어뜨리게 되면 닳고 긁히고 깨져 다시는 전과 같이 될 수 없습니다. 중요한 것은 다섯 개의 공의 균형을 유지하느냐는 것입니다.

– 코카콜라 회장 더글라스 대프트의 신년 메시지 중에서…….

평생계획 세우기

체계적인 목표는 독서계획으로부터

체계적이고 효율적인 독서를 하기 위해서는 독서 계획표를 짜는 게 중요하다. 먼저 할 일은 책 읽기의 목적이 분명히 있어야 한다.

독서계획을 세운 뒤에는 바인더에 바인딩하여 가지고 다니며 수시로 확인을 해야 지속적인 동기 부여가 된다. 목표를 달성했다면 자신에게 적절한 보상을 함으로써, 꾸준한 책 읽기를 이어가도록 한다. 하루에 30분이라도 짧게 시간을 정해두고 책 읽기에 재미를 붙이는 것이 중요하다.

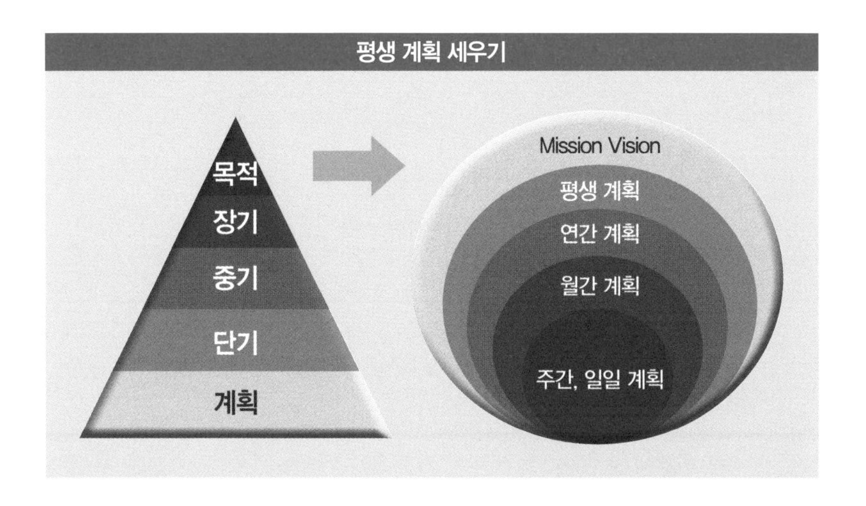

독서 계획을 세우기 위해서는 좋아하는 감정을 만들어야 한다. 처음부터 좋은 감정이 싹트지는 않겠지만 책을 읽으며 누구나 한 번쯤은 느꼈던 편안함이나 책 속에 빠져 들어 내가 주인공이 된 듯한 착각과 설렘을 동반한 감동을 느껴 보았을 것이다. 어느 순간 책을 읽고 사고방식이 확장됐다는 느낌과 지식의 양이 조금 성숙함을 경험해 보면 지속적 독서를 하게 된다. 특히 가슴을 울리는 감동의 한 줄 문장은 작가처럼 글을 쓰고 싶다는 충동질을 자아내기도 한다.

조금씩 책이 좋아지기 시작하면 무작정 읽기 시작한다. 하지만 이때 조금 신경 쓸 일이 있다. 본인도 모르는 사이 살이 찐 자신을 거울에서 발견한다면 다이어트를 결심하고 계획하듯 독서도 계획을 해놓고 읽으면 성취감과 감동이 두 배로 증가된다.

책 선정은 십진법 분류법에 맞추어 하면 좋다

십진법 분류법은 도서관이나 대형 서점의 정리 방법인데, 장르별로 구분하여 기호로 구분한다. 대형서점이나 큰 도서관에 가서 내가 읽고자 하는 분야와 관심분야의 책들을 먼저 고르고 리스트를 작성한다. 또한 자기가 찾고자 하는 분야를 집중적으로 공략해도 된다.

000 총류 – 총체적인 것을 뜻한다.

100 철학 – 자신에게 질문을 던지며 성장한다.

200 종교 – 사람의 힘으로 해결할 수 없을 때 신을 찾는다.

300 사회과학 – 집단생활을 하며 그들이 이루는 사회를 과학적인 방법으로 연구한다.

400 자연과학 – 자연재해나 자연현상 등 인간의 나약함을 극복하기 위해 만들어졌다.

500 기술과학 – 사실을 설명하고 예정하는 과학이다.

600 예술 – 삶이 풍족해지면 즐거운 일을 찾기 시작한다.

700 어학 – 서로 의사소통을 위해 언어가 필요해졌다.

800 문학 – 구전은 한계가 있어 글로 쓰기 시작했다.

900 역사 – 시간의 흐름을 기록하고 세상이 돌아가는 것을 알게 되었다.

분류표를 보고 내가 알고 있는 분야나 생소한 분야를 각각 2개씩 골라본다. 욕심을 내서 마음껏 골라도 된다. 좋아하는 분야를 골랐다면 세부적인 분류에 따라 책을 찾는다. 책장 앞에서 보면 책장 전체를 꽉 채운 분야가 있는 반면, 100권도 안 되는 분야도 있을 것이다. 책을 고르는 방법은 스키밍으로 훑어본 다음 강하게 어필되는 부분이 있거나 필요한 내용이 있는 책을 고르면 된다. 책 내용을 완전히 이해하려고 하기보다는 훑어본다는 심정으로 관련 서적을 고루 탐닉해 보는 게 중요하다.

이렇게 전공분야나 새로운 장르의 책을 고르고 분석해 보는 일련의 과정을 거치면 새로운 분야를 시작할 때 체계를 잡고 시작할 수 있다. 또한 두려움이 줄어들게 된다. 여기서 중요한 포인트가 있는데 자료에 나온 것을 실천할 때는 반드시 자신의 생각을 첨부하여 나만의 방식으로 하는 게 중요하다.

많은 자료를 수집→분류→정리→자료 작성 등의 순서를 반복하며 자신의 생각을 넣는 연습을 꾸준히 해야 한다. 처음에는 쉽지 않고, 방대한 양을 보는 순간 질리기도 한다. 그렇지만 하나씩 하다 보면 알아가는 기쁨이 차곡차곡 쌓인다. 지식이 쌓이는 느낌을 맛보는 순간 가슴은 설레임으로 가득 차게 된다.

평생계획을 먼저 세워보자(10,000권)

(10년 단위로 나의 뒤를 돌아볼 수 있는 내용으로 큰 틀을 세운다.)

100세를 기준으로 현재 나이가 60이라고 하더라도 아직 카운트

펀치를 날릴 수 있는 기회는 최소한 4번 이상 남았다. 10년의 틀이 세워졌으면 세부적인 계획을 세워보고 전혀 새로운 분야의 책을 접해보자. 의학이나, 과학, 천문학 등 현재 하고 있는 일이나 자신이 강한 분야의 책이 아닌 정반대의 책을 섭렵해 보는 것이다.

장기목표는 5~10년(500~1,000권)

(일 년에 100권 정도면 무리 없이 진행할 수 있다.)

큰 틀을 정하는 게 중요하다. 십진분류법을 통하여 자신이 원하는 분야를 정하고 관련서적을 분류해본다. 전공분야나 지금 하고 있는 일의 분야를 찾는 게 좋다.

중기목표는 3년(300~500권)

(한 분야의 전문가는 보통 3년의 시간이 필요하다.)

3년의 시기는 기술자와 전문가의 실력이 비슷해지는 시기라 할 수 있다. 하지만 전문가는 이때부터 나머지 7년 동안 숙성의 과정을 거쳐 성공에 반열에 한 걸음 다가선다. "벼는 익을수록 고개를 숙인다."는 속담이 있듯 자칫 겉똑똑이가 될 수 있는 시기라 주의를 해야 한다. 운전도 이 시기가 되면 가장 사고가 많이 난다.

1년 계획을 세워 보자(100~300권)

연간 계획은 자신이 선택한 한 분야의 책을 집중적으로 보는 것이다. 예를 들어 경영, 경제, 독서, 건강, 자기계발 등 한 가지 분야의 책을 완파한다는 생각으로 책을 깊이 있게 읽는 것이다. 처음에는 다독을 통해 지식을 쌓아야겠지만 절대량이 차면 빨리 보다는 깊이 있는 책 읽기를 해야 한다.

월간계획을 세워보자(10~30권)

일주일에 1시간씩 투자한다면 아무리 느림보라 하더라도 한 권의 책을 읽을 수 있다고 한다.

자투리 시간만 잘 활용해도 하루 한 시간은 금방 확보가 된다. 조금 더 용기를 내어 3일에 1권에 도전해보자. 자신감이 붙는다면 하루에 한 권을 소화해 보자. 월간계획은 조금 높게 잡는 게 좋다. 조그만 목표를 달성하면 자신감이 생기기 때문이다.

주간 계획을 세워보자(1~3권)

매일 책을 조금씩 읽는 게 힘들다면 주말을 활용하면 좋다. 주말에 도서관이나 대형서점에 가는 것도 좋다. 책은 반드시 구매해서 보는 게 중요하다. 책을 깨끗이 보는 것보다 내 것으로 만들어서 활용하는 게 중요하다. 밑줄도 그어야 하고 해득한 것과 실천해야 할 것을 적어야 하기 때문에 구매하는 게 좋다. 훗날 다른 사람에게 소개해주려고 해도 책이 없다면 곤란해진다. 매일매일 읽지 못하는 책이 쌓이면 주말에 몰아서 읽으면 좋다. 혼자 하기 힘들 때는 독서모임을 추천한다. 동기부여나 일주일에 한 권씩 읽고 토론을 해야 하는 거룩한 부담감으로 도움이 된다.

일일 계획을 세워보자(100페이지-1권)

보통 책은 300페이지-400페이지 정도 된다. 단숨에 읽히는 책 같은 경우 3시간 정도면 한 권을 볼 수 있다. 적어도 1시간을 집중해서 읽으면 한 번에 100페이지 정도가 무난히 읽히는 것 같다. 물론 사람마다 차이가 많지만 집중도나 주변 환경에 따라서 변수를 제외한다면 무난히 읽을 수 있는 분량이다. 책을 읽으며 밑줄을 긋거나 해득한 것과 실천할 것을 책에 표시하며 읽는다. 책을 다 읽었다면 1페이지 분량으로 밑줄 그은 부분과 깨달은 것과 적용할 것을 정리한다. 이렇게 하면 20%의 내용으로 나머지 80%를 끄집어 낼 수 있는 놀라운 효과를 볼 수 있을 것이다.

일일계획이 완성됐다면 이제 책을 읽어보자.

성공한 위인들을 살펴보면 독서광이 아닌 사람이 없을 정도로 책을 가까이 했다. 역대 왕들부터 현재의 대통령까지 책과 멀리 한 사람이 성공한 적은 없다. 책을 많이 읽었다고 전부 성공하는 것 역시 아니다. 계획을 세우는 게 중요한 게 아니다. 하지만 계획을 세우고 실천을 하지 않으면 방향을 제대로 찾아 갈 수 없게 된다.

놓치는 시간을 잡아라

피터 드러커는 〈성과를 향한 도전〉에서 '시간을 기록하라.'라고 이야기하고 있다. 월급을 수령하고 정말 알뜰하게 사용하는데 늘 부족하고 "밑 빠진 독에 물 붓기"를 하듯 늘 쪼들리는 생활을 한다면 가계부를 써 보는 게 현명한 방법이다. 가계부를 쓰다 보면 새는 돈의 출처를 알 수 있게 된다. 마찬가지로 하루 종일 바쁘게 살아가고 있는데 성과는 제대로 나오지 않고 시간에 늘 쫓기며 살고 있다면 '시간의 가계부'를 써 보는 게 가장 확실한 방법이다.

21일 정도만 꾸준히 하루 종일 무슨 일이 있었는지 사소한 일까지 시간을 적어보면 나만의 패턴을 알 수 있다. 내가 허투루 시간을 쓰고 있는 것이 보이기 시작하고 시간을 관리할 수 있게 된다. 또한 시간을 관리하는 것에서 그치지 말고 '시간의 견적서'를 만들어 활용을 해보는 것이 더 중요하다.

시간의 견적서를 만들면서 지나치기 쉬운 것 중 하나가 자투리 시간을 그냥 버리는 것이다. 예를 들면 이동시간이나 점심시간 커피 마시는 시간 등 평상시 무심히 지나치는 시간들이 너무 많다. 이렇게 버려지는 자투리 시간을 하나로 묶는 작업을 해야 한다. 일 처리를 할 때 정신을 집중해서 한 번에 해야 할 자료작성이나 보고서등을 만들 때 전화가 오거나 다른 일을 시키게 되면 리듬이 깨지게 된다.

특히 회사에서 전화는 가장 큰 복병이다. 급하게 지금 처리해야 할 업무가 아니라면 전화통화는 오후 특정시간을 잡아 다시 걸려가는 식으로 시간을 조절하면 좋다. 성과를 올리는 사람은 일의 계획을 잘 짜는 사람이 아니라 '시간이 얼마나 걸리는지 명확히 파악하는 것에서 출발한다.'고 피터 드러커는 말하고 있다.

시간의 계획과 실제 사용하는 것을 혼자 한다는 것은 무척이나 까다롭다. 실제로 해보면 잘 안 되는 게 현실이다. 이 문제를 해결할 수 있는 게 바로 바인더에 들어 있다.

우선 자신이 하는 일을 예측하여 화살표로 계획한 시간을 적어본다. 그리고 실제 투입된 시간을 실행란에 표시하게 되면, 시간의 견적과 가계부를 훌륭히 활용할 수 있게 된다. 지금까지 늘 시간에 쫓기는 사람들은 이 방법을 사용하게 되면 시간을 지배할 수 있게 된다. 예정에 없던 친구가 갑자기 전화를 걸어 만나자고 하면 뜻하지 않게 참석을 하고 중요한 약속을 펑크 낸 기억이 있을 것이다. 자주 이런 일이 발생하게 되면 신뢰에 크나큰 타격이 오게 된다.

하지만 시간 관리를 하게 되면 미리 약속을 정하게 되고 스케줄이 없으면 만나고, 있다면 거절하면 된다. 특히 영업을 하는 사람이라면 미리 약속 스케줄을 잡는 게 정말 중요하다. 바인더를 보며 시간 약속을 하게 되면 겹치지 않고 탁월한 영업을 할 수 있게 된다. 또한 바인더를 휴대하며 펼쳐보면 간단하게 처리할 수 있다. 자주 잊거나 한 번으로 기억이 힘들다면 스마트폰에 알림 기능을 사용해도 좋다. 필자는 두 가지를 다 활용하고 있다. 스마트폰의 단점은 편리하긴 하지만 늘 볼 수 있다는 편리함이 오히려 더 기억을 하지 않게 되어 정작 중요한 일처리에 오류를 범할 수 있게 된다.

필자는 한 번도 내가 탁월하게 시간 관리를 하는 사람이라고 생각해 본 적이 없다. 일 분 일 초가 소중하여 삶의 틈과 짬을 모두 사용하려는 게 아니다. 오히려 시간을 관리함으로써 사랑하는 가족의 이야기에 귀 기울이고, 여유로운 삶을 살기 위한 것이다.

시간을 절약해주는 독서

여행을 가거나 어떤 목적지가 있을 때 지름길을 알면 시간이 절약된다. 우리 머리는 이미 저장된 지식을 활용하여 새로운 지식을 받아들인다. 이미 저장된 지식이 많을수록 새로운 지식을 더 빠르게 이해할 수 있다는 결론이 나온다. 과거의 책들을 살펴보거나 현재 시중에 나와 있는 서적을 읽으면, 직접 실패를 경험하며 버리는 시간을 절약할 수 있다. 이렇게 절약된 시간은 또 다른 지식을 쌓는 데 사용할 수 있다.

쌓은 지식은 삶에 적용하고 조금씩 영역을 확장하여 멀티 플레이어가 되도록 노력해야 한다. 멀티 플레이어가 되기 위해서는 다양한 분야의 책을 한 분야씩 파고들어 깊이 있는 독서를 통해 내 것으로 소화하는 과정을 거쳐야 한다. 분명히 좋은 책을 바르게 읽고 그 내용을 효과적으로 활용한다면 시간절약을 탁월하게 할 수 있다.

스티븐코비는 〈성공한 사람들의 7가지 습관〉에서 탁월한 사람은 에너지와 시간을 독서, 외국어 학습, 운동 등 당장 급하지는 않지만 유용한 일에 쓰는 반면 평범한 사람은 전화, 회의 등 당장 급하지는 않지만 중요하지 않은 일에 쓴다고 말하고 있다. 가치를 현재에 두지 않고 미래에 두면 급한 일과 중요한 일을 구분할 수 있다. 책을 읽는 일은 중요한 일이다.

수시로 책을 읽는 것도 중요하지만 아무에게도 방해받지 않는 시간을 만들어 놓고 읽으면 꾸준한 책 읽기를 하는 데 수월하다. 일의 우선순위에 의해 시간이 생긴다는 말을 했는데, 책 읽기를 너무 열심히 하다 보면 정작 자신의 일에 소홀할 수 있다.

책을 읽는 이유는 현재의 회사 일이나 가정 일을 좀 더 효율적이고 윤택하게 하기 위해 도움을 받기 위한 것도 있다. 하루종일 업무나 가정 일에 시달리다 보면 어느새 해가 진다. 피곤에 지쳐 집에 오면 곧바로 휴식에 들어가고픈 마음에 TV 앞에 가족이 모인다.

주말 역시 크게 다르지 않다. 일주일 동안 쌓인 피로를 잠을 통해서 해결하거나 게임을 하고 TV를 보며 하루를 보낸다. 집에 들어가면 손 하나 까딱하기 싫은 게 현실이다.

특히 TV나 영상은 책 읽는 데 최대의 적이라고 할 수 있다. 딱딱한 글보다는 아무래도 화려한 영상이 우리의 뇌를 자극하는 데는 효과적인 것 같다. 책장을 넘기는 최소한의 수고로움도 필요 없이 리모컨만 끼고 손가락만 까딱거리면 채널이 넘어가며 다른 분야의 아주 새로운 이야기들이 펼쳐진다.

하지만 이런 TV나 영상은 일부의 뇌만 이용을 하기 때문에 편협한 생각에 젖어들기 쉽다. 책을 읽게 되면 뇌가 수동적으로 상상을 하며 생각을 깊게 하게 만든다. 기초지식이 없는 상태로 책을 읽게 되면 시간이 많이 걸리지만 같은 분야의 책을 여러 권 읽게 되면 시간이 단축된다. 지식이 축적될수록 시간은 줄어들고 생각의 폭은 확장되어 응용을 할 수 있는 단계로 발전을 하게 된다.

응용을 하기 시작하면 실전에 적용하는 작업을 거쳐야 한다. 처음부터 완벽하게 적용되는 것은 없다. 조그만 실수들과 실패를 경험하면서 이론과 실제로 책에서 이야기하는 것과의 거리를 좁히는 과정을 겪으며 수정을 해야 한다. 또한 성과를 만드는 작업을 지속적으로 해야 한다. 시간이 많이 걸리는 작업이지만 반복을 할수록 시간은 절약이 되고 실수와 실패가 줄어드는 것을 경험할 수 있게 된다. 반복의 과정을 거치며 탁월한 전문가도 될 수 있고 성과 또한 타의 추종을 불허할 수 있게 되는 것이다. 느린 것 같지만 빠른 길을 선택하는 방법은 책에서 답을 찾을 수 있다.

시간의 견적서와 가계부를 만들자

하루의 시작과 동시에 퇴근시간이 다가오고 월요일이 시작되면서 어느새 금요일이라면 정말 열심히 살고 있다고 말할 수 있다. 하지만 정작 무엇을 하며 시간이 지나갔는지 기억에 없다면 훗날 아쉬움이 남을 것이다. 매일 반복되는 일상에서 삶의 여유나 주위를 둘러볼 시간이 없는 사람은 시간의 견적서와 가계부를 써볼 필요가 있다.

피터 드러커는 〈성과를 향한 도전〉에서 "너의 시간을 알라."라고 말하고 있다. 대부분의 경영자들은 "일을 계획하라."라고 강조하고 있는데 실제 성과를 올리는 사람들을 살펴보면 일에서부터 출발하는 것이 아니라 시간으로부터 출발을 한다.

전옥표는 〈이기는 습관〉에서 조직의 경쟁력을 높이기 위해서는 시간의 엥겔지수를 낮추라고 말한다. 출근부터 퇴근까지의 시간을 적어 팀 단위, 부서 단위로 모아서 분석을 해본다. 이렇게 모인 데이터를 활용하여 업무문제점 개선이나 시스템과 프로세스를 보강한다. 시간을 효율적으로 관리하여 알차게 보낼 수 있도록 여유시간을 만들어 제대로 된 휴식을 가질 수 있게 만드는 게 중요하다.

시간 관리에서 중요한 것 중 하나는 우선순위를 정하는 것이다. 회사에 출근하여 하루의 일과를 정리하고 우선순위 없이 일을 시작한다면 정작 중요한 일은 다음 날로 또 그 다음 날로 미루어져 결국은 일처리를 제대로 하지 못하는 결과를 만들게 된다.

〈아침형 인간〉에 보면 아침의 3시간은 저녁의 3배 효과가 있다고 말하고 있다.

지속적으로 무엇인가를 하려고 한다면 아침시간을 이용하면 성공할 확률이 높아진다. 운동 역시 꾸준히 하기 위해서는 아침시간을 이용하면 된다. 타인의 간섭이나 방해를 받지 않기 위해서는 아침시간만큼 유용하게 활용할 수 있는 방법은 없다.

또한 간섭받지 않을 수 있는 시간을 시간의 블루존이라고 하는데 새벽시간 이외에도 점심시간과 퇴근 후 약 3시간 정도가 있다. 러시아워에 걸려 도로 위에서 시간을 허비하기보다는 남들보다 조금 일찍 출근하고 조금 늦게 퇴근한다면 나만의 황금 같은 시간을 확보할 수 있게 된다. 요즘은 점심시간을 이용해 영어 학원을 다니거나 회사 근처 헬스클럽에서 운동을 하는 사람이 적지 않다.

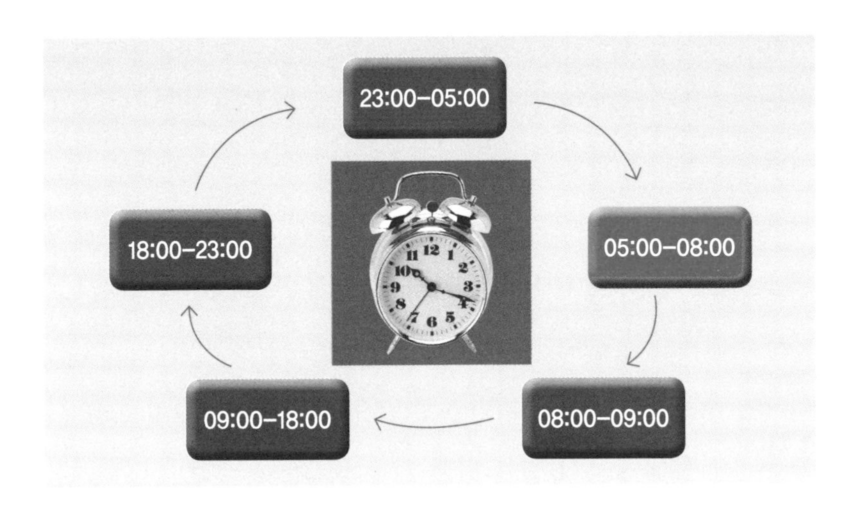

시간을 뭉텅이로 만들어 사용하는 법을 익히면 일에 효율성이 극대화된다. 필자 같은 경우는 아침 5:00시에 기상하여 Q. T Quiet Time와 책을 읽고 5시 30분에 수영을 하러 간다. 7:00에 출근을 하여 9시 이전까지 책을 쓰거나 읽은 책을 정리한다. 이렇게 오전 시간을 잘 활용하면 아무에게도 방해받지 않는 시간을 가질 수 있다.

또한 점심시간을 활용한다. 식사를 빠르게 마치면 12시 30분 정도 된다. 이때는 가볍게 운동을 하고 오침을 한다. 약 200보 정도의 산책을 하고 15-20분 정도 오침을 하여 피로를 최소화한다. 역대 처칠이나 많은 위인들이 오침을 했다.

오후 6시 이후는 각자의 시간이기도 하지만 술자리나 친목도모, 약속 등으로 학원이나 운동을 지속적으로 다니기가 어렵다. 헬스클럽이나 수영장, 학원을 퇴근 후에 신청한 사람은 몇 번씩 빠진 기억이 있을 것이다. 하지만 새벽이라면 꾸준한 지속성을 유지할 수 있다. 또한 일찍 일어나게 되면 시간에 여유가 생기고 출, 퇴근 시간에 책을 읽으며 아침을 시작할 수 있다. 자가용으로 출, 퇴근을 한다면 오디오북을 추천한다. 자동차 대학의 시작이 바로 출퇴근 시간이다. 필자 같은 경우 구리에서 파주까지 매일 출, 퇴근을 두 시간씩 하면서 3년간 오디오북 100여 편을 들었다.

나중에는 오디오북에 나오는 내용이 줄줄 외워질 정도로 들었다. 오디오북의 장점은 강의를 듣는 것과 같은 효과가 있다. 저자의 내공이 고스란히 녹아들어 있어 활자로 되어 있는 책하고는 다른 생각의 확장이 일어난다.

책을 읽기 위해 시간을 만드는 것은 자신의 노력여하에 따라 얼마든지 만들 수 있다. 다만 우선순위가 어디에 있느냐에 따라 시간이 생기기도 하고 늘 쫓기기도 한다. 중요한 것은 책을 읽으려는 마음이다.

시간의 견적과 가계부를 써보는 실습은 〈http://www.3pbinder.com〉에서 신청할 수 있다.

◆ 시간의 견적(시간예산) 부분을 계획해서 표시해보고 실제 실행한 부분 시간의 가계부(시간견적)를 표시한다. 실행부분에서 계획하지 않은 일이 발생하거나 취소가 됐다면 그 역시 표시를 해둔다. 책을 읽을 때 계획을 세워보고 실

행한 부분을 표시해 보면 작은 목표 달성을 꾸준히 연습하게 된다. 성공의 기쁨을 만끽할수록 조금씩 커다란 목표를 이루어 갈 수 있게 된다.

◆ 시간의 견적과 가계부는 몸에 습관이 될 때까지 연습하면 된다. 습관이 되고 나면 계획과 실행이 자연스럽게 이루어진다. 습관은 21일 정도, 몸에 완전히 습득하기 위해서는 100일 정도 실행해 보면 가능해진다.

시간을 관리하는 데 있어서 가장 중요한 것은 바로 '자기체크'다. 매일 잊지 않고 체크해야 할 기준을 자신에게 적용하고 스스로에게 관대해지려는 습관을 버려야 한다. 자신만의 툴을 이용하여 시스템화시켜야 한다.

06

기록은 메모에서 시작한다

독서를 하면서 늘 고민하는 것이 읽고 난 다음 기억이 나지 않는다는 것이다. 여러 가지 방법을 강구해보지만 뾰족한 대안이 생각나지 않는다. 머리로 아무리 기억을 잘하려고 해도 한계가 있다. 사카도켄지는 〈메모의 기술〉에서 기록하고 잊으라고 말하고 있다. 기록을 하고 머리는 창의적으로 활용하는 사람이 성공한다. 기록은 두뇌를 움직이는 효과가 있다.

기록은 메모로부터 출발한다. 사소한 일도 메모해두고 아이디어나 일에 관련하여 기록해두면 강력한 힘을 발휘한다. 하지만 이렇게 메모를 하며 정리를 잘하고 관리를 하지 않으면 소용이 없다. 여기저기 메모까지는 잘하지만 활용을 못 하는 사람들이 있다. 메모를 잘하고도 활용을 못 하는 이유는 분산을 시켜놓기 때문이다. 생각나는 대로 메모지나 심지어 냅킨에 기록을 하고서 다시 한 곳에 모아두는 작업을 하지 않으면 메모는 기록은 했지만 쓸모가 없는 휴지조각에 불과하다.

작은 수첩도 마찬가지다. 일 년마다 구매를 해서 연말에 관리를 한다고 하더라도 어느 순간 라면상자에 처박혀 먼지만 가득히 쌓이게 된다. 그래서 과거에 기록했던 내용을 찾으려면 도무지 어디에 적었는지 찾을 길이 없다.

다이어리 또한 크게 다르지 않다. 연말이면 늘 연락처를 새로 옮겨 적으며 후회가 밀려든다. 매년 반복된 일을 하고 있는 게 한심하기도 하다. 속지를 갈아 끼워도 날짜가 써 있다면 어느 순간 밀리기 시작하고 한두 번 이런 일이 반복되면 포기해버리고 만다. 큰마음 먹고 구입한 다이어리가 사장된다면 여러 가지로 속이 상한다.

아이디어는 순간 나타났다가 사라진다. 빨리 기록하지 않으면 없어진다. 항시 메모지나 조그만 수첩과 볼펜을 휴대할 것을 권한다. 스마트기기가 있는 사람은 어플을 활용해도 좋다. 하지만 스마트폰을 활용하면 단점이 하나 있다. 배터리가 없을 땐 사용할 수가 없다. 백업을 해놓긴 하지만 언제나 꺼내 쓸 수 있다는 편안한 생각 때문에 오히려 활용도가 낮아진다. 그래서 두 가지를 활용하면 좋다. 메모지와 스마트폰을 적절히 사용하면 백업기능과 편리성을 둘 다 이용할 수 있게 된다.

메모를 했다면 반드시 한 곳에 다시 모아두는 작업을 해야 한다.

한 곳에 모아 둘 때는 중요한 게 있는데 다른 종류의 아이디어를 한 장의 종이에 같이 적어두면 안 된다. 이렇게 정리를 하게 되면 나중에 분류작업을 할 수 없게 된다. 분류 작업을 하더라도 다시 활용을 할 때 어디에 기록했는지 알 수 없게 된다.

반드시 하나의 용도에 한 장을 활용해서 적어 두는 게 좋다. 보조 바인더를 관리할 때 같은 종류의 내용만 묶어 두면 활용 면에서 탁월하게 된다. 매번 여행 갈 때마다 무엇을 준비해야 하는지 고민이 된다면 보조 바인더만 꺼내 보면 된다.

또한 작년에 했던 프로젝트가 기억이 나지 않는다면 보조 바인더만 꺼내보면 된다. 실패했다면 실패의 원인을 분석할 수 있고 성공을 했다면 성공한 기록을 보며 업그레이드시키면 된다.

독서를 하며 밑줄을 긋고 메모를 한 부분을 읽, 해, 쓰, 실(읽고, 해득하고, 쓰고, 실천한다.)로 내용을 적어 보조 바인더를 활용하면 책 쓰는 데 귀중한 자료가 된다. 잘만 활용하면 보조 바인더 자체가 한 권의 책이 될 수 있다. 지속적으로 책을 쓰려면 반드시 필요한 작업이다.

메모광이었던 사람들

강의나 영업을 할 때 자신이 하는 말을 상대방이 기록을 하면 왠지 경청하고 있다는 느낌이 든다. 겸손해 보이기도 하고 왠지 철저한 사람이라는 인상을 심어 준다.

> 메모를 통해서 또 다른 생각의 싹을 틔울 수 있는데 열매를 맺게 하기 위해서는 습관을 들여야 한다. 메모의 습관은 쉽사리 되지 않는데, 평상시 늘 하지 않으면 금방 잊게 된다. 메모는 창의력의 모태이고 역사의 기록 역시 메모에서부터 시작되었다. 말은 입을 떠난 순간 사라지지만 기록은 쓰는 순간 생명을 얻게 된다.
>
> 〈조선 최고의 메모광 다산 정약용 / 정민(한양대 한국학)〉

옛 사람의 메모벽은 자못 유난스러웠다. 책을 읽다가 번뜩 떠오른 생각이 있으면 메모지에 옮겨 적었다. 바쁘면 책 여백에도 적었고 생각이 달아날세라 급하게 메모했다. 이렇게 생각이 달아나기 전에 퍼뜩 적는 것을 질서疾書라고 한다. 질주疾走는 빨리 달린다는 뜻이고, 질서는 잽싸게 메모한다는 의미다. 성호 이익 선생은 자신의 저작에 일제히 '질서'란 말을 붙였다. 『시경질서詩經疾書』, 『논어질서論語疾書』 같은 이름을 붙인 책이 여럿 있다.

모두 그때그때 떠오른 생각을 메모해 두었다가, 나중에 정리해서 책으로 묶은 것이다.

옛사람들의 책상 곁에는 메모지를 보관하는 상자가 으레 따로 있었다.

메모가 쌓여갈수록 공부의 깊이도 더해갔다. 그러다가 틈이 나면 메모지를 꺼내 정리했다.

책 내용을 옮겨 적고 그 끝에 자신의 생각을 부연한 것도 있고, 스쳐가는 생각을 잊지 않으려고 끼적거린 것도 있다. 메모지를 분류하고, 주제별로 정리하면 그 자체로 한 권의 훌륭한 책이 되었다.

이수광의 『지봉유설芝峯類說』이나 이익의 『성호사설星湖僿說』 같은 책들은 모두 독서 메모를 모아 갈래 지워 정리한 책이다.

그 유명한 『목민심서』도 따지고 보면 메모와 정리의 결과다. 제자들을 시켜서 역대의 역사기록 중에 목민관과 관련된 내용들을 일정한 매뉴얼에 따라 항목카드에 메모하게 했다.

나중에 이것을 갈래별로 분류하여 정리시켰다. 다산의 5백 권이 넘는 방대한 저술들은 대부분 이런 방식으로 엮어진 편집서들이다. 다산은 조선 최고의 메모광이었을 뿐 아니라 편집광이었다. 어떤 정보든지 그의 손에 닿기만 하면 무질서하게 흩어졌던 자료들이 일목요연해졌다. 평소의 메모습관과 생각관리 훈련이 귀양지의 척박한 환경 속에서 놀랍게 꽃피운 것이다. 더 대단한 것은 다산이 자신의 작업 과정을 제자의 훈련 과정과 일치시켰다는 점이다. 이런 메모와 정리의 혹독한 훈련을 통해 후에 제자들도 나름의 역량을 갖춘 훌륭한 학자로 성장할 수 있었다. 생각은 힘이 세다. 힘 센 생각은 메모에서 나온다. 머리를 믿지 말고, 손을 믿어라.

생각은 금세 달아난다. 미루지 말고 그때그때 적어라.

위대한 천재들의 놀라운 성취 속에는 언제나 예외 없이 메모의 습관이 있었다.

우리가 잘 알고 있는 빌게이츠 역시 메모광이다. 빌게이츠는 평소에도 좋은 아이디어가 떠오르면 기록하는 것을 즐기는 메모광으로 유명하다. 특이한 점은 컴퓨터 관련 종사자인 빌게이츠가 종이에 메모를 하는 메모광이라는 것이 놀랍지 않을 수가 없다. 빌게이츠는 메모를 할 때 4개의 구역으로 나누어 각기 다른 생각을 적었다. 예를 들어 조금 더 생각할 필요가 있는 질문은 오른쪽 하단에 적어두고 메모당시의 기억이 떠오르게 하는 방법이다. 인간의 기억력에는 한계가 있다. 하여 메모는 기록의 시작이라고 말할 수 있다.

천재 발명가로 잘 알려진 에디슨 역시 탐욕스러운 독서광으로 모든 분야의 책을 고루 탐독한 사람이다. 그가 평생 동안 읽은 책은 350만 페이지에 이르는데 매일 한 권씩 읽어도 30년이 걸리는 양이다. 그는 또한 메모광이기도 했다. 보거나 들은 건 뭐든 주머니에 넣고 다니는 노란 표지의 노트에 그대로 옮겨 적었다. 그렇게 평생을 기록한 메모노트가 3,400권이나 발견되었다.

– '에디슨은 메모광이었다.'에서

이순신 장군의 "난중일기"를 통하여 우리는 역사를 알 수 있고 병법이나 수많은 해전의 기록들을 알 수 있다. 전쟁 중 먹을 갈아 일기를 썼던 선조가 있었기에 현재의 역사가 있고 그것들이 전해져 내려 올 수 있었다. 이처럼 적는다는 것은 단순히 기록의 의미뿐만이 아니라 생존을 걸고 해야 하는 것이다.

실용지식을 강조하는 이유

다산 정약용은 18년간 유배생활 동안 500권의 저서를 남긴 것으로 유명하다. 정민 교수는 〈다산 선생 지식경영법〉에서 10가지 지식경영법을 이야기하고 있다.

1) 단계별로 학습하라 – 꼬리에 꼬리를 무는 연쇄적 지식경영
2) 정보를 조직하라 – 큰 흐름을 짚어내는 계통적 지식경영
3) 메모하고 따져보라 – 생각을 장악하는 효율적 지식경영
4) 토론하고 논쟁하라 – 문제점을 발견하는 쟁점적 지식경영
5) 설득력을 강화하라 – 설득력을 갖춘 논리적 지식경영
6) 적용하고 실천하라 – 실용성을 갖춘 현장적 지식경영
7) 권위를 딛고 서라 – 독창성을 추구하는 창의적 지식경영
8) 과정을 단축하라 – 효율성을 강화하는 집체적 지식경영

9) 정취를 깃들여라 – 따뜻함을 잃지 않는 인간적 지식경영

10) 핵심가치를 잊지 말라 – 본질을 놓치지 않는 실천적 지식경영

그는 그 누구의 말도 전적으로 신뢰하지 않았고 오직 스스로 따져보아 납득한 것만을 믿었으며, 가장 혐오했던 것은 현실에 아무런 도움을 주지 못하는 공리공론이었다라고 말하고 있다.

지식이 아무리 많아도 써 먹을 수 없다면 가치가 없다는 말에 전적으로 동감한다. 우리는 대부분의 시간을 직장이나 집에서 보낸다. 직장에서는 탁월한 성과를 원하는데, 이는 전문가가 되어야 가능하다.

지식경영이나 전문가가 되기 위해서는 방법이 요구되는데 경험해 보지 않고서는 실행하는 게 쉽지 않다. 이를 해결하기 위해서는 누구나 쉽게 따라만 하면 습관이 되고 지식을 쌓을 수 있는 도구가 필요하다. 늘 휴대하며 누구를 만나든 나를 소개할 수 있고 필요한 지식을 꺼내 쓸 수 있는 도구가 바로 바인더와 책이라고 할 수 있다.

도구를 사용한 지식의 습득방법

지식관리는 평생 해야 한다. 지식관리를 통해서 얻을 수 있는 것은 지금 하고 있는 일을 더 잘해서 탁월한 성과를 낼 수 있다. 또한 새로운 수익원을 만들어 낼 수 있는 아이디어나 재료들을 구할 수 있게 된다. 이에 따라 새로운 시장을 만들어내어 선순환 과정이 만들어지게 된다. 여기에 바인더만 잘 활용하게 되면 목표, 시간, 지식, 인맥, 재정관리 등을 한 번에 관리할 수 있게 된다.

〈메인바인더〉

메인바인더에는 〈읽고, 해득하고, 쓰고, 실천한다〉 방식으로 책을 정리한다. 책표지를 스캔하여 표지로 만들고 작가소개와 내용을 모아 정리한다. 인터넷자료를 검색하여 관련 자료를 첨부하고 마인드맵이나 PPT로 정리해두면 책의 내용이 오래 기억에 남는다.

〈BOOK LIST〉

읽은 책 리스트를 적는다. 일 년에 몇 권을 읽었는지 어떤 책을 읽었는지 관리가 필요하다. 어떤 유형의 책을 읽었는지 분석할 때도 좋고 한 권 한 권 쌓일 때마다 묘한 쾌감이 느껴진다. 우측 윗부분에 목표 권수를 적는다. 번호는 읽은 책의 수를 나타낸다. 연말에 번호만 보면 몇 권의 책을 읽었는지 한 번에 알 수 있다. 날짜는 읽기 시작한 날짜를 적거나 다 읽은 날짜를 기록하면 된다. 도서명은 책 제목을 적으면 된다. 저자 및 출판사를 기록하고 메모부분에는 특이 사항이나 어떤 분야의 책인지 기록해두면 좋다.

〈추천도서 리스트〉

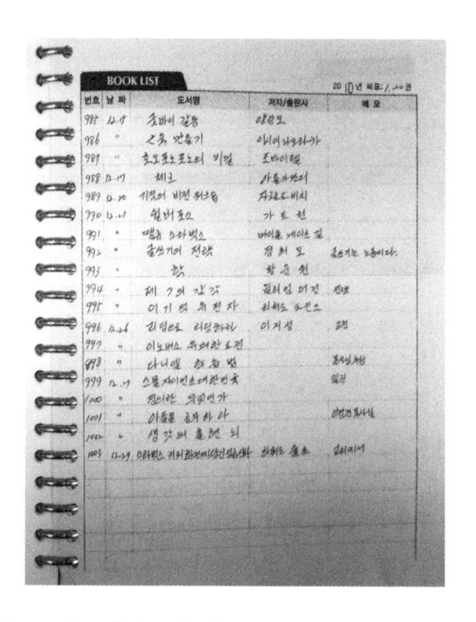

날짜, 도서명, 저자와 출판사를 적고 추천인을 적는다. 추천인을 적어두면 나중에 추천해준 사람에게 고마움을 느끼게 된다. 책을 구매했으면 제목 앞에 표시를 해둔다. 책꽂이에 똑같은 두 권의 책이 꽂혀 있다면 관리를 하지 않기 때문이다.

책을 구매하려고 서점에 가서 무슨 책을 사려고 했는지 기억이 안 날 수도 있다. 이때 바인더를 펼쳐들고 평소에 필요했던 책을 적어 놓았다면 한꺼번에 구입할 수 있게 된다.

책을 많이 읽는 사람들의 책 추천은 시간과 돈을 절약하는 효과가 있다. 책을 읽는 데는 많은 시간이 소요되기 때문이다. 상업적인 추천이 아니라면 내가 해야 할 일을 해주기 때문에 시간절약에 도움이 된다. 또한 책을 구매한 후 잘못 구매한 경험을 해봤을 것이다. 나와의 콘셉트가 맞지 않아 돈을 낭비하는 경우도 어느 정도 방지할 수 있게 되는 것이다.

〈마인드맵 정리법〉

책을 읽고 마인드맵으로 정리를 하게 되면 기억에 오래 남는다. 한눈에 책의 전체적인 내용이 파악되며 정리한 내용을 보고 다른 사람에게 설명을 할 수 있게 된다. 중요한 내용은 색깔을 다르게

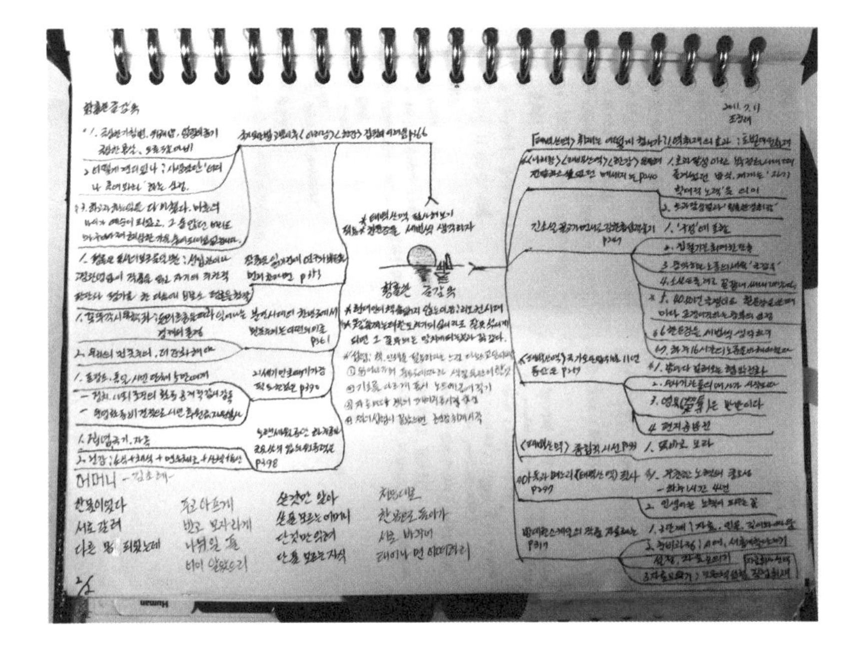

표시하고 별표를 치거나 구분할 수 있는 표시를 해두면 좋다. 별표를 해둔 자료는 가운데에 다시 기록하여 핵심이 무엇인지 쉽게 리뷰할 수 있도록 한다.

〈신문자료 수집 및 스크랩〉

신문자료나 잡지기사 인터넷 자료들을 스크랩해서 모아둔다. 나를 홍보할 수 있는 신문기사나 잡지기사를 모아두면 소개할 때 도움이 된다. 또한 서평 등을 모아두면 같은 책을 다른 사람들은 어떻게 생각하고 있는지 알 수가 있다. 다른 의견들을 살펴보면 생각의 확장이 이루어진다.

〈아이디어 노트〉

아이디어 노트는 정말 중요하다. 짧은 순간 생각난 아이디어를 빨리 기록해 두는 게 중요하다. 또한 한 개의 아이디어를 가지고 활용할 수 없지만 시간이 지나며 모아둔 자료는 사업을 구상하거나 새로운 일을 기획할 때 강력한 힘을 발휘한다. 필자도 3년 동안

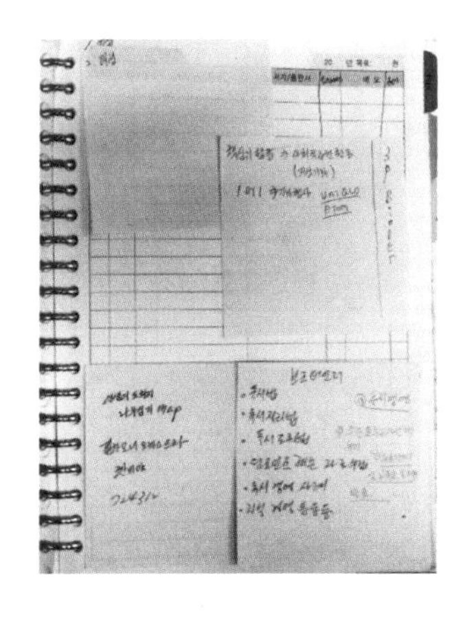

모아둔 아이디어가 책을 쓰는 데 결정적인 역할을 했다. 운전을 하거나 일을 할 때 책에 관련하여 좋은 방법이 생각나거나 수정할 것이 있으면 메모지에 적어두거나 포스트잇을 활용하여 붙여두었다.

〈좋은 글 모음〉

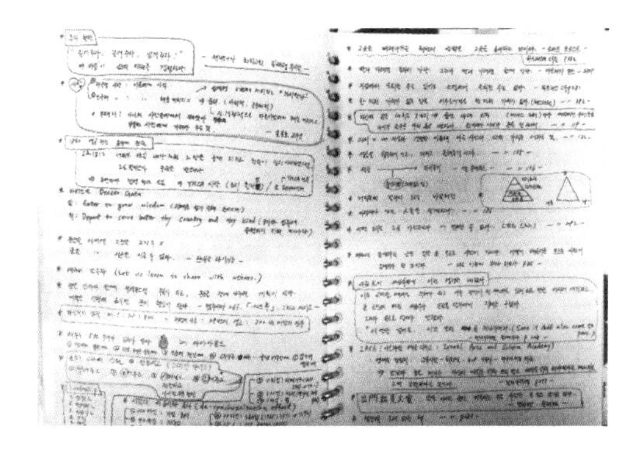

강의를 한다면 좋은 글은 필수로 모아둘 필요가 있다. 또한 유머도 기록을 해두면 적절하게 활용을 할 수 있다. 스팟으로 활용할 글귀를 적어두면 여러 부류의 사람들에게 요소요소 필요한 곳에 사용한다. 처음에는 팔짱을 끼고 '어떻게 하나 보자.' 하던 표정들이 몇 줄의 글귀를 읽어 주면 바르게 자세를 고치고 경청을 하기도 한다.

〈경력〉

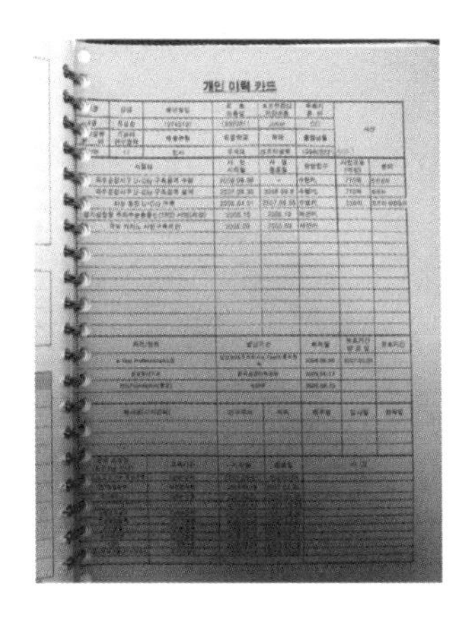
개인 이력 카드

강의를 하거나 책을 쓰려고 하다 보면 경력을 보내야 하는 경우가 있다. 갑자기 생각하려고 하면 쉽사리 기억이 나지 않는다. 꾸준히 관리를 하며 업그레이드를 해야 할 게 바로 경력관리다. 지금은 미천한 사람이라 내세울 게 없지만 이름을 떨칠 기회가 왔더라도 준비하고 있지 않으면 놓치는 경우가 발생하게 된다. 자신의 멋진 프로필을 만들어놓고 시간이 흐를 때마다 조금씩 수정을 한다면 언제 어디서든 내가 어떤 사람인지 보여 줄 수가 있다.

〈자격증〉

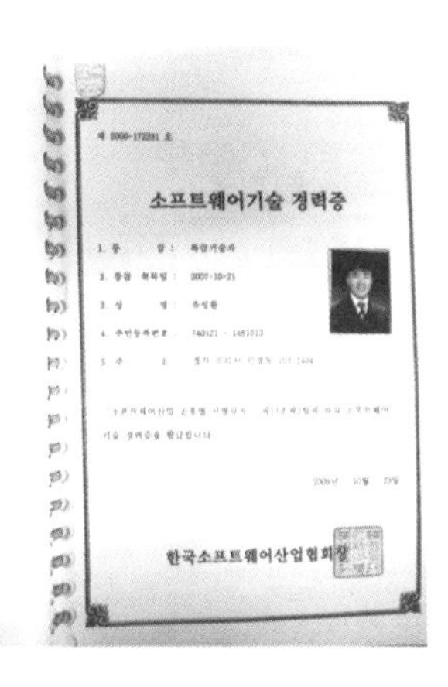
소프트웨어기술 경력증

한국소프트웨어산업협회장

자격증은 한 분야에 전문가라는 일종의 보증수표다. 하지만 정작 필요할 때 자격번호나 취득일자가 기억나지 않아 시간을 허비해본 기억이 있을 것이다. 또한 관리를 해두지 않으면 어디에 두었는지 기억조차 하기 힘들 때가 있다. 이 역시 복사를 해서 바인더에 철해두면 쉽게 사용할 수 있게 된다. 사업자 등록증이나 특허증 등 필요한 서류는 축소하여 복사해서 지니고 다니면 세무서나 필요한 곳에서 시간을 절약할 수 있을 뿐만 아니라 요긴하게 사용할 수 있게 된다.

〈해외출장이력〉

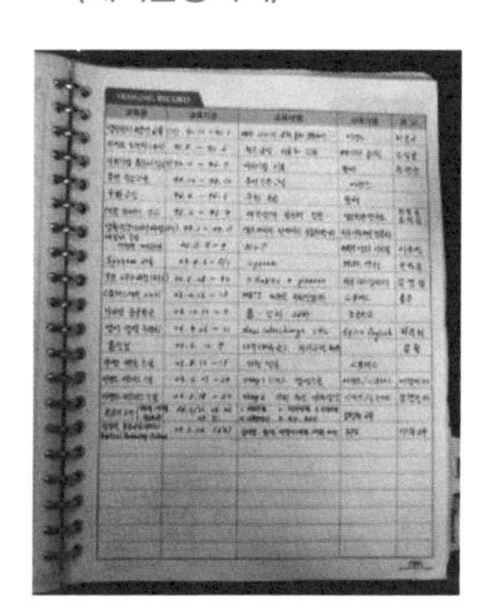

해외여행은 자주 있는 일이 아니기 때문에 정확하게 기억하기가 쉽지 않다. 책을 쓰거나 어느 나라를 여행했는지 언제 다녀왔는지 기록하지 않으면 정작 필요할 때 활용할 수가 없다. 여권을 찾아서 기록을 하려고 해도 힘들다. 몇 년도에 어느 나라를 누구와 무슨 목적으로 다녀왔는지 적어두면 정확한 근거를 남길 수 있다.

이렇게 준비를 해두면 자료 활용에 도움이 된다. 여행을 다니며 보고, 느꼈던 자료를 잘 기록하고 관리해서 보조 바인더에 모아두면 자체로도 한 권의 책이 만들어질 수 있다. 또한 출발 전에 항상 준비물 챙기는 일이 갈 때마다 고민인데 보조 바인더에 마인드맵으로 준비물을 기록해두면 편리하게 이용할 수 있다.

더 넓은 세상으로 도전

독서를 꾸준히 하며 성과를 내기 위해서 노력하다 보면 자신의 부족함을 절실히 느끼게 된다. 부족함을 느끼는 순간 조금 더 알기 위해서 책을 찾게 되고 이런 일이 반복되면 학생 때 공부하던 것보다 더 열심히 학습을 하게 된다. 혼자 공부를 하다 보면 포기하는 경우가 많은데 같은 생각을 하고 있는 사람들과 학습조직을 만들면 효과적으로 꾸준히 지속할 수 있게 된다. 책 속에는 내가 알고 있는 것보다 훨씬 더 넓은 세상이 펼쳐져 있다.

〈월간 일정표〉

연간 목표를 세웠다면 이제 구체적으로 실행을 하기 위한 단계를 거쳐야 한다.

연간으로 계획한 권수가 50권이라면 이를 월로 나누어 한 달에

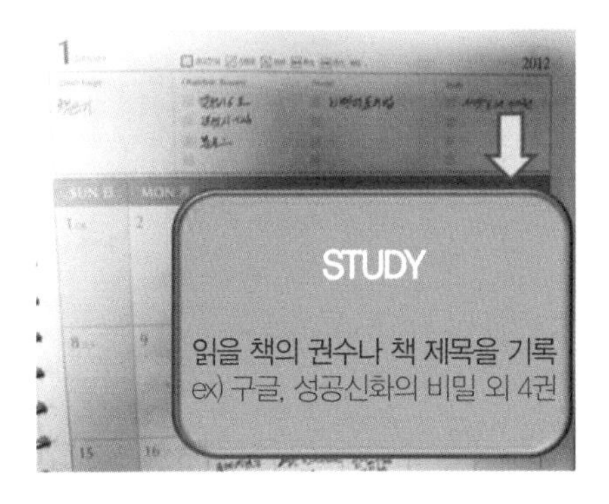

몇 권을 읽을 것인지 정해도 되고 일 년은 52주이기 때문에 한 달에 4-5권을 기준으로 하면 된다.

또한 월간목표는 연간 목표에 없었던 책 제목을 조금 더 구체적으로 기록한다.

월간 일정표에는 한 달에 읽을 책을 적는다.

ex) 구글, 성공신화의 비밀 외 4권

월말에 책을 모두 읽었다면 완료를 하면 된다. 혹시 다 읽지 못했거나 다시 한 번 읽어야겠다면 다음 달에 다시 표시를 하고 읽으면 된다.

책을 읽다 보면 중간에 필요한 책이 생기게 될 수도 있는데 이럴 때는 나중에 Book List에 넣으면 된다.

〈주간 일정표〉

주간 일정에는 월간에서 정했던 책을 주간으로 다시 세분하여 적는다.

일주일에 한 권 책 제목을 기록하며 다 읽지 못하거나 다시 읽을 필요가 있는 책은 다음 주로 넘긴다. 매일 책을 읽을 시간계획을 세우고 실천한 세부사항은 일자별 시간의 견적서에 화살표로 표시하면 된다.

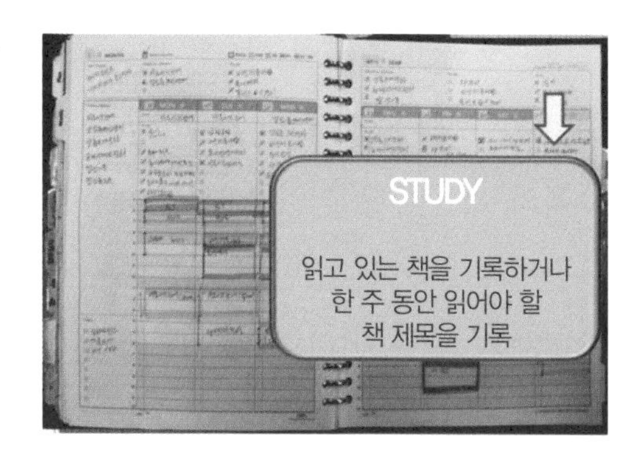

〈책 앞장이나 뒷장에 날짜와 소감 적기〉

책 앞장이나 뒷장에 날짜를 적어두면 언제 책을 읽었는지 알 수 있다. 책을 읽기 전 내가 생각한 것과 다 읽고 난 후 서평을 간단하게 책에 기록해두면 다시 읽을 때 기억이 새롭다.

또한 작가의 친필 사인을 받아두면 가치가 향상된다. 훗날 자녀들이 책을 보면서 추억을 만들 수 있다.

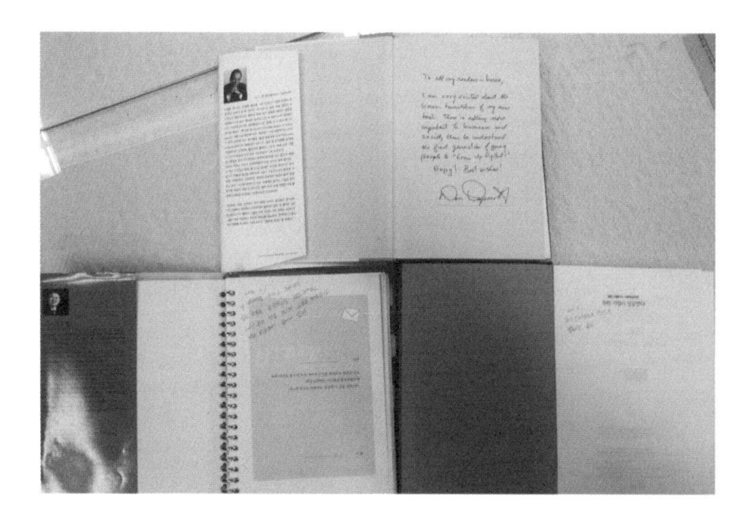

〈독서 정리법〉

읽, 해, 쓰, 실(읽고, 해득하고, 쓰고, 실천한다.).

책의 핵심 내용을 읽고, 읽은 내용을 해득하고, 읽은 내용과 해득한 내용을 쓰고, 썼던 내용을 모아서 어떻게 실천할 것인가를 늘 고민해야 한다. 이렇게 하는 이유는 내 안에 있는 지식을 확장하고 기존에 알았던 지식과 책에서 얻은 지식의 결합으로 새로운 전문성을 기르기 위해서다. 책을 읽는 목적이 무엇인가를 다시 한 번 곰곰이 생각해 보기를 바란다. 이렇게 쌓인 지식은 나 혼자만 가지고 있으면 안 된다. 배운 지식을 전파해야 한다. 완벽하게 만들어진 걸 전파하면 좋겠지만, 자신이 100% 만족하는 지식은 거의 불가능에 가깝다. 또한 지식과 지혜를 공유해야 한다. 인류가 발전했던 이유는 전파와 공유를 통해 가능했다.

〈콘셉트Concept화〉

콘셉트Concept화를 해야 하는 이유는 나만의 색을 만드는 작업이라고 할 수 있다. 특히 전문성과 나의 암묵지(머릿속에 있는 지식)를 형식지(글로 쓰거나 눈으로 볼 수 있게 만드는 일)로 만드는 작업을 해야 하는데 단순하게 책에 있는 내용을 전달하는 전달자가 돼서는 안 된다. 이에 기존에 가지고 있던 지식과 책에서 본 내용, 참고자료와 근거자료들을 묶어 나만의 새로운 것으로 만드는 작업이 콘셉트화이다.

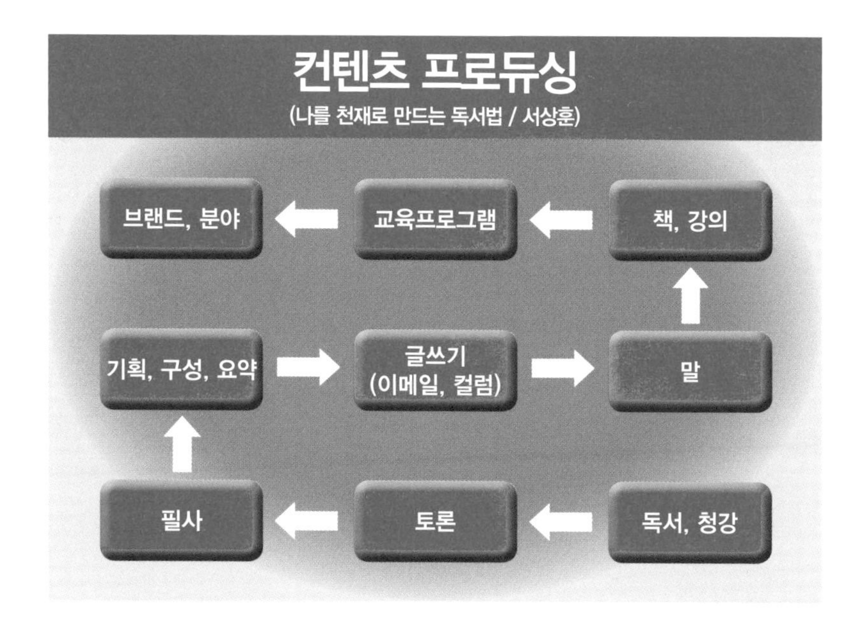

〈거실을 서재로〉

모든 습관은 반복에 의해서 만들어진다. 독서 역시 다르지 않다. 매일 같은 시간에 같은 장소에서 반복을 하게 되면 습관이 된다. 습관이 무서운 것은 무의식속에서도 반복하려는 습성이 생겨 똑같은 행동을 하려고 몸이 움직인다. TV가 있는 거실을 서재로 바꾸면 많은 변화들이 생긴다. 우리 집 거실 가운데는 가족 테이블이 있다. 숙제를 하거나 공통적으로 할 일이 있으면 거실에 자연스레 모이게 되고 독서퀴즈나 서로에 관한 이야기를 나눈다. 수신제가 치국평천하修身齊家治國平天下 중 제가齊家를 자연스럽게 이룰 수 있게 된다. 대화시간이 부족하고 가족끼리 얼굴을 볼 시간이 적다면

강력 추천한다.

〈독서모임〉

weekly light – 이번 주 평가(컬러체크), 다음 주 plan(10–20분)

Book Discussion – 독서토론(40분)

Good News – 정보공유 & 좋은 소식 공유 및 동기부여(10분)

Thanks – 한 주 동안 감사한 일(10분)

독서모임의 가장 큰 효과는 같은 책을 여러 각도로 이해할 수 있다는 장점이 있다. 혼자서 꾸준히 책을 읽는 것에도 한계가 있는데 모임에 참여하면 동기부여가 된다. 또한 각양각색의 사람들을 만나 토론하며 깊이 있는 생각을 공유할 수도 있다.

한 주는 공통도서, 둘째 주는 자유도서로 독서편식을 막아야 하고 토론내용을 기록하여 관리하게 되면 자신의 역량이 급격히 향상된다. 처음에는 2~3명이 모이더라도 시작을 하는 게 중요하다. 작게 시작하여 점점 늘리는 방법으로 독서모임을 진행하면 부담이 없다.

〈 '나비독서포럼' 공통도서 및 진행과정〉

〈자동차대학〉

오디오 CD를 들으며 출퇴근하면 된다.

자가운전을 하면 책을 읽을 수 없게 된다. 필자는 구리에서 파주까지 출퇴근하며 100여 편의 오디오북을 들었다. 강사들의 노하우와 성공비결을 들으며 내부순환로를 달리다 보면 2시간 거리의 출

퇴근길이 짧을 때가 많았다. 밀리는 차 속에서 비밀을 알아가는 즐거움이 너무나 가슴 벅차게 차오른 적이 한두 번이 아니었다.

전문가는 자신만의 필살기라 할 수 있는 무기가 있다. 하지만 운동을 하듯 꾸준한 관리를 하지 않으면 어느 순간 현실의 뒤안길로 접어들고 만다. 아무리 전문가라고 해도 자신만의 지식으로는 한계에 부딪히게 된다. 시각을 넓혀 나라에 국한하지 않고 국제적 안목을 키우는 게 중요하다. 더 넓은 세상으로 가는 첫걸음은 책을 통해 가능하다.

10

탁월한 자료 정리 비법

보조 바인더를 활용하면 분리, 수집, 보관, 휴대가 가능해진다. 평상시 메인 바인더를 들고 다니며 책에서 자료를 수집하고 모으는 작업을 했다면 확장할 필요가 생길 때마다 보조 바인더에 백업해 두면 된다. 정기적으로 월말이나 주말에 한 번씩 해주기만 하면 훌륭한 자료가 된다.

필자는 독서모임을 하며 요약정리를 꾸준히 해서 보조 바인더에 모아두었다. 처음에는 자료 활용보다는 내용정리 차원에서 시작했다. 독서모임을 만들며 있었던 일들과 고민했던 흔적들이 쌓여 갔다. 그렇게 1년이 흘렀다. 새로운 독서모임을 만들기 위해 자료를 찾아 정리를 하자 놀랍게도 매뉴얼 한 권이 만들어졌다. 이처럼 새로운 일을 시작하거나 업그레이드가 필요하다면 보조 바인더를 활용하여 자연스럽게 자료를 만들면 된다.

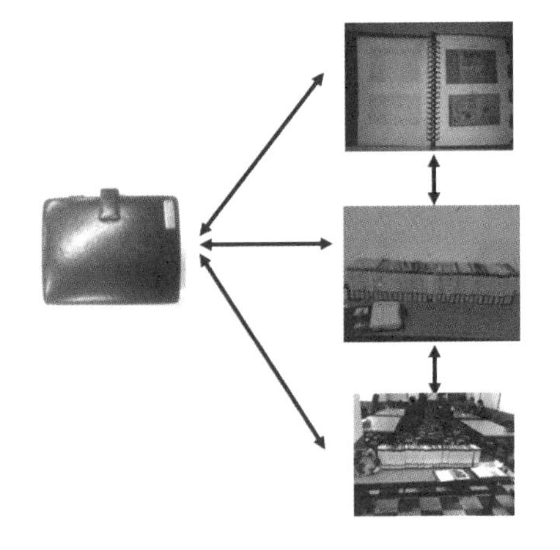

독서를 할 때도 마찬가지다. 책을 읽고, 해득하고, 쓰고, 적용할 자료들을 보조 바인더에 모아두면 훌륭한 자료가 된다. 자신의 책을 쓰거나 필요한 정보를 수집하려면 보조 바인더만 들춰보면 쉽게 찾을 수 있다.

기록을 했다면 자료를 잘 보관해야 한다. 정말 열심히 기록하고 정리한 소중한 자료를 어디에 두었는지 모르거나 라면 상자에 들어가 있다면 정작 필요할 때 찾을 수가 없다. 자료를 찾게 될 때는 필요하지도, 찾고 싶지도 않지만 이사할 때 튀어나오거나 중요한 행사가 끝난 다음에 튀어나오는 경험을 해보았을 것이다.

프로젝트가 끝나거나 책에 대한 내용을 정리한 것을 잘 모아두면 나중에 보조 바인더 하나하나가 책 쓰기의 재료들이 된다. 또한 행사할 때마다 일 년 자료나 최근에 사용했던 자료를 활용하게 되면 더욱 발전된 행사를 완성할 수 있다.

우리 집은 거실에 커다란 책상이 하나 있다. 아버지 책상도 있지만, 주말에는 꼭 이 공간에서 아이들과 책을 읽고, 독서 퀴즈도 하고 가족 바인더도 정리한다. 보조 바인더 사용방법도 자연스럽게 알려준다. '공부하라.'고 소리를 지르지 않아도 자연스럽게 분위기가 조성된다. 물론 매번 하고 싶지만 쉽지 않다. 하지만 여건이 될 때마다 하려고 노력을 한다.

이때 아이들의 보조 바인더를 본다. 일기를 그림형식으로 쓴 아들 녀석과 나름 열심히 쓴 딸아이의 바인더를 보면서 입가에 엷은

미소가 흐른다. 딸은 어느 정도 자기주도 학습이 이루어진 것 같다. 하지만 아들 녀석은 책보다는 레고가 좋은 모양이다. 조금 더 생각의 확장이 이루어질 수 있도록 서포터를 해야 하는데 쉽지 않다. 이미 머릿속엔 나름의 세계가 있는 듯하다. 보조 바인더를 사용하여 암묵지를 형식지로 만들 수 있도록 길을 살펴 주어야겠다.

아이들은 과목별 보조 바인더를 만들어주면 좋다. 필요자료를 스스로 관리할 수 있도록 도와주는 작업이 필요하다. 피드백은 현재 하고 있는 일을 조금 더 발전시키기 위해 꼭 필요한 과정이다. 업무가 성공한 것도 중요하지만 실패한 사례도 보관해야만 피드백이 가능하다. 피드백은 AAR After Action Review 방식으로 진행한다.

1. 목표 했던 것에 얻고자 하는 것은?

2. 실행한 결과에서 양적, 질적 변화에서 얻은 것은?

3. 얻고자 했던 것과 얻은 것의 차이와 원인은?

4. 결과에 따라 얻은 교훈과 해야 할 것은?

5. 실행 과정에서 발견한 시행착오와 하지 말아야 할 것은?

자신의 분야를 무한 확장하고 백업해두며 피드백을 통하여 전문성을 더욱 견고하게 만드는 일련의 과정을 거쳐야만 진정한 전문가라 할 수 있다.

제3장

인스턴트와 콘스턴트

나무 가꾸기

씨앗에서 새싹이 움트기 시작하면 나무를 가꾸어야 한다.
어린 묘목이 잘 자랄 수 있게 영양분을 공급해 주어야 한다.
시간이 흘러 어느 정도 자라면 지지대를 만들어 나무를
고정하고, 해충들도 잡아주며 햇볕을 잘 받을 수 있게
가지치기를 해주어야 한다.
바닥에 잡초가 자라면 제거해주고 필요 시마다
퇴비와 물을 공급해 주어야 한다.
열매가 맺기 전 꽃을 관리하여
최상의 열매를 맺을 수 있도록 해줘야 한다.

Reading & Writing

01

디지로그를 통한 세상 살아가기

스마트폰을 사용하는 사람이 하루 평균 1.5시간 이상 스마트폰에 집중한다는 조사결과가 인터넷진흥원 자료에 나와 있다. 2-3시간 이상 사용자가 전체 사용자의 39.9%나 된다.

스마트폰의 등장으로 우리의 삶은 더욱 편리해지고 즐거워졌다. 한손에 잡히는 이 기기에 우리의 삶은 너무도 많은 게 변해버렸다. 시계와 달력, 전자사전과 MP3, 카메라와 심지어 인터넷에 이르기까지 이제는 이 모든 것을 스마트폰이 대신한다.

그리하여 우리는 걸을 때, 밥 먹을 때, 공부할 때, 심지어 TV를 볼 때와 잠들기 전까지 스마트폰과 함께한다. 그만큼 우리에게서 떼어낼 수 없는 존재가 되어버렸다. 하지만 편리함과 즐거움이 도를 지나쳐 우리의 몸에 하나둘 부작용이 나타나고 있다.

팝콘 브레인(현실에 무감각한 스마트폰에 중독 증세를 보이며 뇌가 무기력해지는 현상), 목디스크, 손목증후군 등 예전에는 없었던 새로운 증상들이 나타나고 있는 것이다. 편리함과 즐거움이 항상 우리에게 좋은 것만 가져다주는 것은 아니다.

그렇다고 스마트폰을 사용하지 않고는 현대생활을 영위할 수 없을 정도로 세상은 변해 있다. 자신이 자제할 수 있도록 조절을 해야 하는데 쉽지 않다. 하여 디지로그Digilog를 통하여 삶의 편리함과 지혜의 깊이를 더 할 수 있는 방법을 찾아야 한다.

디지로그digilog는 이어령 선생이 만든 디지털digital과 아날로그analog의 합성어이지만 조금 더 넓은 의미로 이성과 감성, IT와 인간관계의 만남, 가상과 현실세계의 결합, 차가운 기술과 따뜻한 정의 만남처럼 사용되고 있다.

현재 나는 IT 강의를 하고 있다. 하지만 바인더를 열심히 쓰고 있다. 왜 그럴까?

기억의 시작은 기록으로부터

디지털의 문명이 빠름을 주도했다면 머릿속에 남아 있는 기억조차도 빠르게 지워가고 있다. 스마트폰에서 검색을 통하면 너무도 쉽게 내가 원하는 정보를 찾을 수 있다. 그런데 그럴수록 나의 기

삶의 지혜 디지로그(Digilog)

억력은 감소하게 된다. 한번 곰곰이 생각해보기 바란다. 내가 스마트폰의 연락처를 통하지 않고 걸 수 있는 전화번호가 몇 개나 되는가? 인간의 기억은 5번의 반복을 통하여 단기기억에서 장기기억으로 넘어 간다고 한다. 손으로 쓴다는 것은 단순히 기록을 뛰어넘어 기억을 하고 있다고 보면 된다. 그림을 그린다면 훨씬 기억을 잘할 수 있게 된다.

책과 영상의 비교실험

두 개의 실험군으로 나누어 한쪽은 소설 〈소나기〉의 영상을 보여주고, 다른 한쪽은 소설책을 읽게 하였다. 두 실험군에게 돌다리 건너는 장면을 스케치북에 그리게 하였다. 실험측정 결과를 확인해보면 놀라운 사실을 발견하게 된다. 영상을 보여준 실험군은 영상에서 나온 모양으로 그림이 획일화되어 있다. 반면 책을 읽은 아이들의 그림은 같은 그림이 하나도 없다. 이처럼 영상은 뇌의 활성화를 방해하는 역할을 한다.

그렇다고 영상을 배척만 할 수는 없다. 아이들의 집중도는 영상에 훨씬 강하게 반응하기 때문인데 어느 한쪽으로 치우치기보다는 영상과 책을 적절히 조화를 이룰 수 있도록 디지로그를 해야 한다. 얼마 전 압구정에 있는 한 초등학교에 강의를 간 적이 있는데, 아침시간에 아이들이 신문 읽기와 독서를 하고 있었다. 아침조회는 영상을 통해 진행이 되고 있어서 예전처럼 교장선생님의 말씀을 듣다 쓰러지는 일은 이제 일어나지 않을 것 같았다. 또한 아이들이 직접 방송에 참여하여 전달사항을 전해주고 있었다. 이미 세상은 디지로그를 적절히 사용하고 있어서 다행이라는 생각이 들었다.

최고의 IT 전문 강사가 아날로그를 병행하는 이유

"지난 2007년 만들어진 'KT IT 서포터즈'는 여가시간을 활용한 '자원봉사단'이 아닌 정규 직원들이 자원해 IT로 사회적 공헌을 하고 있다. 전국 23개 팀 200여 명의 직원이 장애인, 농 · 어민, 장 · 노년층, 저소득층 이외에도 대기업, 다문화, 주부, 학생 등 다양한 계층을 대상으로 IT 지식기부를 한다."

현재 필자가 하고 있는 일이다. 일 년에 1,000시간 정도의 강의를 진행하는데 10대 어린이부터 85세 어르신까지 다양한 계층과 소통을 하고 있다.

특히 스마트폰 사용자 3,000만 명 시대에 맞게 스마트폰 강의가 폭발적으로 늘었다. 다양한 기기와 새로운 기능들이 버전업될 때마다 새롭게 공부를 해야 한다. 6개월이 멀다 하고 새로운 기기들이 나온다. IT의 변화는 짧다. 하지만 파워풀하게 변한다. 오늘 나온 스마트기기도 일 년 정도 되면 구식기기로 전락하고 만다.

빠른 변화 속에서 적응하지 못하면 강의를 듣는 수강생들은 금세 알아차린다. 화면에 나오는 내용과 PT 내용이 다르면 금세 힘들어 한다. 그래서 매일 다음 날 강의를 준비하고 자료를 수정한다.

자료를 수정하고 준비하는 동안은 철저히 종이 위에 전체적인 구성과 어떤 것을 전달해야 할지 필요 없는 것은 무엇인지 그림을 그려본다. 머릿속의 암묵지형태의 자료를 형식지로 끌어내는 작업을 거쳐야만 나만의 강의를 할 수 있다. 스토리를 구성하고 강조할 부분을 연습해보고 내부에서 시범 강의를 진행한다.

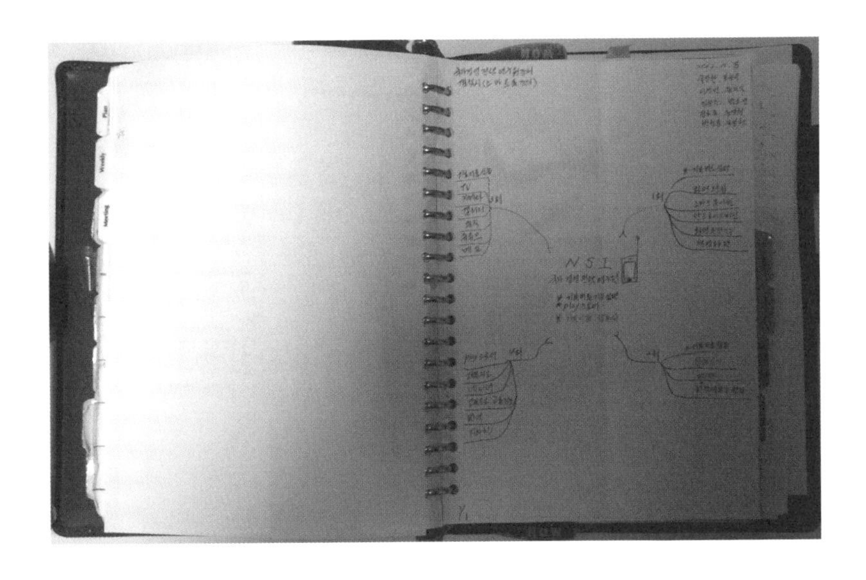

중요한 내용은 가운데 기록을 하여 다시 한 번 상기시킨다.

왜 이렇게 번거로운 일을 하는 걸까?

스마트폰은 정보를 빠르게 검색하고 저장하고 편집할 수 있다. 하지만 정작 내가 생각하는 정보는 없다. 남들이 만들어 놓은 자료를 가공하고 편집하는 정도에서 머문다.

반면 펜을 이용하는 바인더는 생각을 하게 만들어 준다. 펜은 단순히 기록만 하는 게 아니다. 생각을 하게 하는 도구다. 어릴 적 연필을 사용하여 숙제를 하다 보면 몰입의 경험을 하게 된다. 책을 필기하거나 수학문제를 풀며 수많은 생각을 하게 된다. 하지만 연필심이 부러지는 순간 생각이 멈추게 된다.

스마트폰이 점점 많아질수록 우리는 생각을 하지 않게 된다. IT 교육을 하면서 어르신들이 하는 말이 교육장 문을 나가는 순간 다 잊어버린다고 탄식을 하신다. 이를 해결하기 위해서 필자는 노트와 펜을 준비할 것을 강조했다. 본인이 기록을 하며 기억하게 하자 놀랍게도 다음 시간에 질문을 해보면 답변을 하시는 어르신들이 늘어났다.

필자 역시 새로 나온 스마트기기가 나오자마자 분석하여 교육을 해야 하지만 교육을 하기 위해 준비하는 동안은 펜을 들고 생각을 한다. 스마트폰에서 정보를 검색하고 펜을 이용하여 나만의 생각으로 변환하는 작업을 하다 보면 새로운 아이디어들이 떠오른다.

학교에도 강의를 하는데 스마트폰의 장단점을 잘 활용하는 방법과 중독을 예방할 수 있는 방법을 교육한다. 또한 디지털과 아날로그를 적절히 사용하고 책을 통하여 지속적인 생각의 확장을 늘여갈 수 있는 방법을 교육한다. 앞으로 나라를 이끌어 갈 꿈을 꾸는 친구들이 편리함을 위하여 만든 스마트기기에 중독되지 않고 바르게 사용하도록 이끌어 주는 것이 어른들이 해야 할 몫이라 생각한다.

03

디지털 기록법과 아날로그 기록법

디지털 기록법은 자료를 이동하고 보관하는 데 편리하다. 메모 어플을 열어 자료를 저장하면 네이버나 구글, 다음 등 포털사이트와 연동이 되어 PC와 태블릿 모두 같은 내용을 공유할 수 있다. 또한 cloud 서비스를 통하여 통신이 가능한 곳에서는 어디서든 자료를 볼 수 있다.

스마트폰의 최대 장점이라 할 수 있는 사진을 찍거나 영상을 촬영하고 음성을 녹음하여 첨부할 수도 있다. 짧은 시간에 손으로 기록할 수 없는 많은 양의 글들이나 그림 사진 등을 찍어 보관하였다가 나중에 활용할 수 있다.

검색 또한 강력한 기능 중 하나라 할 수 있다. 전혀 알 수 없는 단어나 문장의 내용들을 검색할 수 있는데 타자가 느린 사람은 음성을 이용할 수도 있다. 또한 메모내용을 쉽게 공유할 수 있고 블로그나 SNS에 쉽게 전파할 수 있다.

아날로그 기록법

펜과 종이만 있으면 그림이나 내가 생각한 내용을 자유자재로 표현할 수 있다. 또한 메모한 내용을 한눈에 볼 수 있다. 스마트기기는 화면이라는 제약된 공간에서 봐야 하기 때문에 여러 장의 메모를 보는 데 불편함이 있다.

종이에 기록하는 것은 각자의 개성이 묻어난다. 다양한 글씨체와 나만의 기호나 약어를 표시해서 사용할 수 있다. 시간이 흐를수록 가치가 있다. 또한 대량복사가 어렵기 때문에 원본의 희소가치가 있다. 옛날 고전이나 문헌들은 시간이 지날수록 가격이 올라간다.

배터리 문제를 걱정하지 않아도 된다. 스마트기기의 가장 취약한 부분 중 하나라고 볼 수 있는 배터리가 필요 없는 것이다. 전기가 없는 곳에서는 스마트기기는 무용지물이나 다름이 없게 된다.

다음은 필자가 쓰고 있는 스마트폰과 바인더의 모습이다.

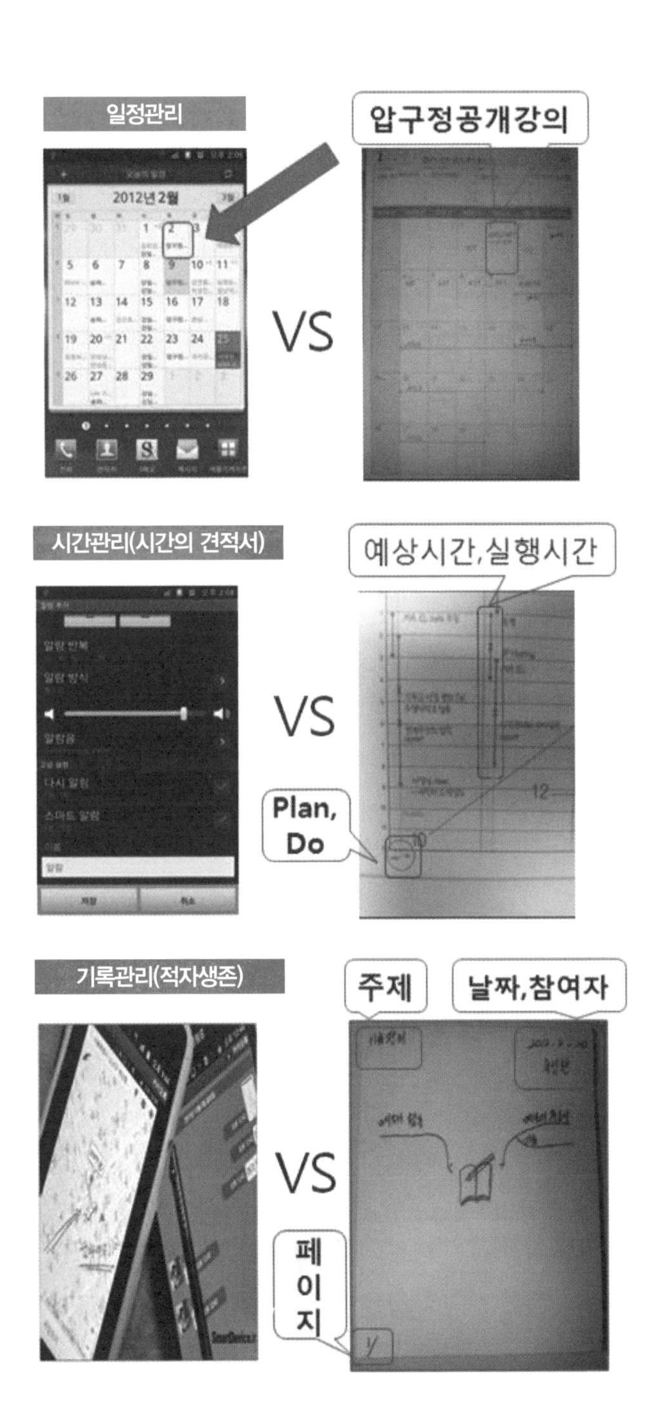
일정관리
압구정공개강의
2012년 2월
VS
시간관리(시간의 견적서)
예상시간,실행시간
VS
Plan,
Do
기록관리(적자생존)
주제
날짜,참여자
VS
페
이
지

시간관리 역시 스마트폰의 알람 기능과 바인더의 시간의 기록을 통해 하고 있다.

기록도 스마트폰의 메모와 포스트잇을 적절하게 사용하고 있다.

이렇게 편리한 디지털과 아날로그의 장점을 잘 활용하여 두 가지 전부를 이용하는 게 바람직하다. 편리함만 추구하다가 오히려 두 가지 전부를 놓치는 경우가 생길 수 있다. 평상시 꾸준한 연습이 필요하다.

디지털 책, 아날로그 책의 장단점

책 하면 공원 벤치에 앉아 여유롭게 시간을 보내며 읽고 있는 종이책을 생각하기 쉽다. 하지만 편리함을 넘어서 놀랍기까지 한 e-Book의 등장으로 종이책의 수요가 줄었다. 이미 오래전 e-Book의 수요가 종이책 시장을 넘어 섰다. 그렇다면 우리는 어떤 책을 선택해야 할까? 한 가지 책을 고집하기보다는 편리함과 좋은 점들을 구분하여 자신에 맞는 책을 선택하는 게 바람직한 방법이다.

디지털 책

장점

1. 글자의 확대나 축소가 가능하다.
2. 모르는 단어나 문장을 읽는 도중 드래그하여 인터넷이나 책 자책 사전에서 검색할 수 있다.
3. 인터넷에서 마음에 드는 책 구입 시 택배 시간도 절약할 수 있다. 즉시 볼 수 있다.
4. 좋은 문장이나 필요한 자료는 원하는 만큼 복사해서 붙여 넣고 활용할 수 있다.
5. 형광펜기능이 있어 밑줄을 그을 수 있다. 또한 복원도 쉽다.
6. 참고자료나 인용 등을 바로 확인할 수 있어서 편리하다.
7. 책갈피 기능이 있어 다른 기능을 활용하다가 돌아와 읽던 곳을 다시 읽을 수 있다.
8. 좁은 공간에서 한 손으로 들고 볼 수 있다. 만원버스, 지하철 등.
9. 읽어주기 기능이 있다. 이어폰을 꽂고 활용하면 좋다.
10. 편집한 자료를 출력하여 볼 수 있다.
11. 가격이 종이책에 비해 저렴하다. 2/3, /1/2 수준이다. 무료 책도 많다.
12. 메모 기능도 있다.

13. 많은 양의 책을 휴대할 수 있다.

14. 사전, 애니메이션효과, 오디오북 등 실감나게 읽을 수 있다.

단점

1. 검색을 위해서는 인터넷이 돼야 한다.
2. 전원이 필요하다.
3. 전자파가 발생한다.
4. 복제가 쉬운 만큼 저작권 문제가 발생할 수 있다.

아날로그 책

장점

1. 배터리가 필요 없다. 전자파 영향이 없다.
2. 촉감이 있다.
3. 양이 많이 쌓이면 재산이 생긴 것처럼 뿌듯하다.
4. 여러 권을 동시에 펼쳐두고 읽을 수 있다.
5. 자료를 찾는 시간이 걸리지만 스스로 생각하는 힘을 기를 수 있다.
6. 책에 기록을 남기고 흔적을 남기면서 읽으면 훗날 다시 읽거나 다른 사람이 볼 때 감성을 살릴 수 있다.

단점

1. 종이가 필요하다.

2. 글자의 확대 축소가 불가능하다.

3. 여러 권을 소지할 경우 부피를 많이 차지한다.

이 외에도 많은 장단점이 있으리라고 본다. 하지만 책의 본질이 무엇인지 생각해 봐야 한다. 원래 필요한 책의 기능은 무엇인가? 지식을 넘어서 지혜를 구하는 게 목적이다. 편리함 뒤에는 반드시 부작용도 존재한다. 반대로 불편함 뒤에 자신의 성장을 가져오는 경우도 많다. '하이터치하이리턴'이라는 말이 있다. 시대가 발달할수록 자연으로 돌아가려는 습성이 있다는 이야기다. 필자는 e-Book과 종이책을 둘 다 읽고 있지만 장소나 필요에 따라서 종이책을 읽거나 e-Book을 읽는다. 얼마나 지속적으로 읽고, 해득하고, 쓰고, 실천하느냐가 중요하다.

브랜드를 높이는 방법 블로그 (yssogari.blog.me : 유성환의 바인더 독서법)

블로그는 나를 홍보하는 데 좋은 방법이다. 책을 읽으며 혼자만 지식이 아닌 공유할 수 있는 방법을 생각해 보았다. 디지로그를 하는 이유는 디지털과 아날로그를 적절하게 활용하여 성공을 돕는

데 목적이 있다.

블로그를 올릴 때는 간단한 형식과 주제가 있어야 한다. 요즘은 음식에 관련한 자료들이 많이 올라오는데 주제를 정하지 않고 글을 올리기 시작하면 시간이 지날수록 자료 활용에 문제가 될 수도 있다. 차별화가 중요한데 음식으로는 차별화가 힘들다.

제목

간결하지만 책 전체의 내용을 요약해서 넣는다.

[자기계발] 개그맨, 리포터, MC 청년사업가 등 다양한 직업을 가져본 저자의 이야기를 그렸다. 글이 차분하고 생각을 곱씹게 만드는걸 보면 평소에 글의 주제를 모으며 인용한 책들이 많고 준비하는 내공이 느껴진다. 동기부여가 필요하다면 일독을 권한다.

느리더라도 멈추지 마라

작가 조찬우 / 출판 다연 / 발매 2016.06.10. / 평점 / 리뷰보기

목차

책에 있는 목차를 넣는다. 전체를 넣어도 되고 필요한 부분만 요

약해서 넣어도 된다.

01 한 걸음 더 내딛고, 또 한 걸음 더

10 자존심과 자존감의 경계에서

20 흔적, 긍정의 변화를 이끌다

30 아이디어가 나를 새롭게 한다

40 내 마음이 있는 곳에 보물이 있다

50 나의 날개로 날아오를 수 있을까?

60 일상에 관심을 가진다는 것

본 것

책의 내용 중 저자의 관점으로 본 것을 기록한다. 페이지를 표시해두면 다음에 찾을 때 편리하고 인용에도 도움이 된다.

p21 류비세프는 자신의 하루 시간을 용도별로 세세히 기록하고 매월, 매년 통계를 냈다. 그리고 이 통계를 바탕으로 이후의 시간을 계획하고 그대로 실행해 나아갔다.

p42 똑같이 출발하였는데 세월이 지난 뒤에 보면 어떤 이는 뛰어나고 어떤 이는 낙오되어 있다. 이 두 사람의 거리는 좀처럼 가까워질 수 없게 되었다. 그것은 하루하루 주어진 시간을 얼마나 잘 활용했느냐에 달려 있기 때문이다. – 벤저민 프랭클린

깨달은 것

책 속에서 깨달은 것이나 일상생활에서 느꼈던 아이디어나 내용을 기록한다.

◆ 한 가지에 집중하지 못하는 이유는?

– 시간이 오래 걸리고 빨리 처리하지 않으면 안 된다는 조급증이 생겼다.

◆ 나는 나의 스승들에게서 많은 것을 배웠다. 그리고 내가 벗 삼은 친구들에게서 더 많은 것을 배웠다. 그러나 내 제자들에게선 훨씬 더 많은 것을 배운다.

◆ 작은 일이 큰일을 이루게 하고 디테일이 완벽을 가능케 한다.

적용할 것

생활에 실용적으로 적용할 것을 기록한다. 처음에는 잘 안 되지만 연습을 통해 습관화하면 나의 필살기가 된다.

◆ 벼슬자리가 없는 것을 근심할 게 아니라 그 자리에 앉을 만한 능력을 근심하라.

◆ 자기가 남들에게 알려지지 않는 것을 근심할 것이 아니라 알려질 수 있는 실력을 갖게 되기를 바라라. – 공자

◆ 고등학교 때부터 연기학원을 다녔고, 서울예술대학에서 연기를 공부한 이력에다가 연극무대에 섰던 경험을 높이 샀으니 함께 하자는 것이었다. 어느 연기학원에 다녀야 할까?

◆ 새로운 일을 시작하거나 유지하기 위해서 몸을 만드는 훈련

– 조성희, 김승호, 조찬우

일상적인 이야기

일상생활에 책과 연관된 이야기를 넣는다. 책 이야기만 하면 따분할 수 있다.

◆ 내가 아는 친구 중 개그맨으로 출발하여 (한밤의 TV연예) 리포터와 케이블방송 메인 MC로 성장한 친구가 있다.

◆ 지역방송에서 중앙방송에 오르기까지 쉽지 않았음을 이야기했는데 취재를 위해 산을 타고 공항에 잠복하며 연예인을 기다리고 인터뷰를 했다는 이야기를 들었다. 방송에서는 쉽게 인터뷰한 것처럼 보였지만 우여곡절이 많았음을 이야기해준 적 있다.

저자 역시 스타를 꿈꾸며 많은 노력했음을 이야기하고 있다. 화려한 연예인의 이면은 보지 않고 성공한 모습만 동경하는 걸 주의해야 한다.

(중략)

제4장

열매는 씨앗을 품고 있다

열매 맺기

열매가 맺으면 튼실하게 만들기 위해 솎아주기를 해야 한다.
많은 양의 열매보다는 최상의 품질을 위하여
적정수준의 열매를 남겨두고 잘라야 한다.
열매가 맺히기 시작하면 포장을 하거나 바닥에
은박비닐을 깔아 색을 좋게 만들어 준다.
새들이 열매를 쪼아 상품가치가 떨어지거나
판매에 타격을 줄이기 위해 노력해야 한다.
열매가 빛깔과 맛이 좋게 만들어졌다면 판매를 하면 된다.
브랜드를 만들어 유통과 판매에 효과를 높이고
홍보를 통하여 촉진을 시켜야 한다.
또한 성공한 사람들을 찾아 조언을 구하고 비법을 전수받아
실천해 봄으로써, 실패를 줄이거나 노하우를 익힐 필요가 있다.
본인의 이익보다는 주위 사람의 공익을 위하여 최선을 다한다.

Reading & Writing

경제적 자유를 이루는 화수분

누구나 경제적 자유를 꿈꾼다. 하지만 결코 쉽지 않은 일이다. IMF를 기점으로 한때 유행했던 〈부자 아빠, 가난한 아빠〉 열풍부터 10억 만들기 열풍까지 모두들 부자 열병을 알았던 적이 있다. 필자 역시 경제적 자유를 이루고 싶다는 꿈에 부풀어 여러 가지를 시도해 보았다.

경매부터 주식, 부동산에 이르기까지 많은 부분을 경험해 보았다. 하지만 물질적 경제적 자유보다는 정신적 피폐해짐이 심했던 것 같다. 3년 동안 부를 좇아다니며 노력해본 결과 최고의 투자는 자신의 몸값을 올리는 것이라는 결론을 얻었다.

자신의 몸값을 올리는 화수분을 만들기 위해서는 직장을 다니거나 수입이 지속적으로 발생할 때 만들어야 한다. 대부분의 사람들은 새로운 인생의 전환점을 만들기 위해서는 모든 걸 정리하고 시작하려고 한다. 하지만 창업을 하거나 또 다른 시작을 하기 위한 자기계발을 하기 위해서는 비용이 발생한다. 이때 직장이 없거나 수입이 없다면 이중고에 시달리게 된다.

왜 경제적 자유를 이루어야 하는가라는 질문을 한다면 "경제적 자유가 삶의 질을 높이며 본인이 하고 싶은 일을 할 수 있게 만들어준다."고 할 수 있다. 경제적 자유의 목적이 돈에 국한된 것은 아니다. 물론 돈이 없다면 많은 불편함을 느낄 수 있다. 하지만 진정한 행복을 돈에서 찾으면 안 된다.

돈은 행복을 구성하는 것 중 하나의 도구일 뿐 그 이상도 이하도 아닌 것이다. 돈으로부터 자유로워지는 것, 돈의 주인이 되는 법, 이것이 경제적 자유의 목적이다. 경제적 자유는 실제적인 이익도 있지만 보이지 않는 부가적 이익도 생기게 되는데 바로 자신감을 심어주는 것이다.

경제적 자유에는 법칙이 있다

확실한 목표를 세워라

목표를 작게 세워야 한다. 일단 기상시간을 정해라. 아무리 늦게 취침을 하더라도 기상시간을 꼭 지키는 게 중요하다. 원칙을 정하고 예외를 둬서는 안 된다. 예외를 두는 순간 무너지게 된다.

목표 달성을 즐겨라

목표 달성의 즐거움을 맛보는 것은 경제적 자유를 이루기 위한 성공 전략 중 가장 중요한 부분이다. 아침 기상에 성공했다면 습관이 될 수 있도록 노력해야 한다. 세상의 모든 일이 즐거움을 느껴야 능률이 오르듯 새벽운동을 시작하거나 학원을 다닐 수 있는 첫 단추를 끼웠다고 볼 수 있다. 일단 단기 목표는 '한 달을 빠지지 않고 다닌다.'는 각오로 시작한다.

구체적 수치와 비전을 만들어라

비전을 갖는다는 것은 앞에서 설정한 단기 목표를 어떻게 장기적 추진력으로 연결할 수 있는가에 대한 좋은 해답이 될 수 있다. 농부에게 수확만 있다면 얼마나 좋을까? 하지만 씨앗을 뿌리고 흘린 땀방울이 없다면 수확을 기대할 수 없는 것이 현실이다. 경제적 자유도 마찬가지여서 대부분의 과정은 힘들고 지루하지만 후에 얻게 될 열매를 생각할 때 과정을 인내할 수 있게 된다. 이러한 비전을 주위 사람이나 가족과 공유하는 것이 중요하다. 5년 후 10년 후에는 어떻게 된다든지 하는 식의 비전은 자기 자신의 각오를 더욱 다지고, 주위 사람이나 가족과 함께할 수 있는 공동의 목표가 생기기 때문에 달성에 도움이 된다.

종잣돈을 만들어라

수입에는 크게 두 종류가 있다. 급여와 같은 노동에 의한 직접적 수익과 이자소득, 주식배당, 주식이나 부동산의 시세차익, 책의 저작권료 등 자산이나 돈이 돈을 벌어주는 수입이 있다.

반대로 지출도 두 종류가 있다. 의, 식, 주 등 생활에 꼭 필요한 고정 지출과 주택구입이나 대출에 의한 이자 등 금융비용으로 나눌 수 있다. 누구나 알고 있는 사실은 수입보다 지출이 커서는 안 된다는 것이다. 여기서 더 중요한 사실은 초기자본을 얼마나 빨리 만드느냐에 따라 시간이 흐를수록 경제적 자유의 성과가 달라진다는 것이다. 이 초기자본을 종잣돈이라고 부르며 얼마나 빨리 모으느냐에 따라 성공과 실패가 정해지고 미래가 달라진다.

자신을 이기도록 노력하라

요즘은 '평생직장'이라는 개념이 바뀌었다. 젊은 시절 절실하게 느낄 수 없지만 노후 생활을 준비를 해야 한다. 미래를 위해 현재의 불편함을 감수하지 않는다면 노후 생활뿐만 아니라 경제적 자유는 멀어지게 된다. 특히 앞서 말한 종잣돈을 모을 때는 더욱 그렇다. 하지만 주의할 점은 자신의 절제를 철저히 하다 보면 주위 사람들에게 인심을 잃어버리게 되는 경우가 있다. 이를 방지하기 위해서는 가족을 포함한 주위의 협조를 얻는 것이 중요하다. 자칫하다가 한순간의 즐거움을 위해 몇 배의 고통의 시간을 감내하는 노력을 해야 하기 때문이다. 주변 사람들의 협조를 구하는 가장 좋은 방법은 끊임없는 대화와 솔선수범을 하는 것이다. 자신에게는 철저하고 타인에게는 비교적 관대하게 하는 것이 설득력이 강하다.

가족과 함께해야 한다

경제적 자유는 부부가 하나의 주제 또는 공통의 관심사항을 갖고 대화를 할 때 효과가 높아진다. 어느 한 사람이 노력한다고 해서 좋아질 수 없는 것이 부부관계이듯 경제적 자유도 마찬가지다. 맞벌이의 경우 현재의 자산과 앞으로의 계획, 전략 등을 상의하여 결정해야 공동의 목표의식이 생긴다.

지출을 줄이고 조급해하면 안 된다

주위 직장인 중에 연봉이 높은 사람이 카드빚 때문에 힘들어하는 모습을 본 적이 있을 것이다. 아무리 수입이 많아도 지출이 더 많다면 기업이나 개인 모두 파산에 이르고 만다. 지출을 줄이는 방법은 기업처럼 월급을 분할하고 그에 맞추어 사용하도록 습관을 들여야 한다. 지출을 줄이는 방법과 효율적으로 할 수 있는 노력뿐만 아니라 보람되게 할 수 있도록 고민을 해야 한다. 특히 미혼일 때 종잣돈을 형성하고 좋은 습관을 들여야 한다. 이때가 향후 경제적 자유의 방향을 크게 좌우하게 된다. 결혼 후 아이를 갖기 전까지의 시기도 중요하다. 아이가 태어나는 순간 종잣돈 모으기는 두 배로 힘들어진다.

젊은 날에 조금 부족하게 사는 것은 불편함에서 끝나지만 나이가 들었을 때는 회복이 불가능해질 수도 있다. 경제적 자유는 시간과 함께 한다. 지금 준비하지 않으면 힘든 나날이 기다리게 된다. 세상일은 어느 한순간에 단번에 끝낼 수 있는 것이 거의 없다. 한국 사람들은 빨리 빨리를 좋아한다. 하지만 빨리 해서 좋은 것이 있고 그렇지 않은 것이 있다. 경제적 자유는 생활 습관이며 마라톤 같은 것이다. 조급해하는 순간 무너질 수 있다.

준비와 현실을 직시해야 한다

좋은 기회는 준비된 사람에게 돌아간다. 그 준비된 사람에게 주어진 기회가 그 사람을 더욱 성장하게 만들어서 더 좋은 기회를 가져다준다. 처음은 격차가 없지만 시간이 흐를수록 많은 격차가 벌어진다. 또한 시대의 흐름을 정확히 알 수는 없다. 하지만 평소에 관심을 가지고 정보를 모으고 분석하다 보면 좋은 기회를 발견할 수가 있다. 경제적 자유 역시 준비된 자에게 기회가 온다. 준비되지 않은 자는 결정적인 순간에 후회하게 된다.

시대의 흐름을 읽어야 살아남는다

학교 공부나 책을 몇 권 읽는다고 해서 시대의 흐름을 파악할 수 없다. 또한 경제에 관련한 이론 공부만으로는 경제의 흐름을 알 수 없다. 경제적 자유를 이루기 위해서는 기본적으로 경제 신문을 읽어야 한다. 그렇다고 경제 신문만으로 모든 것을 얻을 수는 없다. 하지만 3년 정도 읽게 되면 경제의 흐름이 보이기 시작한다. 특히 본인에게 가장 잘 맞는 방법을 찾아 내공을 쌓는 게 중요하다. 내공도 쌓지 않고 경제적 자유를 얻을 수 있는 방법은 없다. 세상의 흐름에 따라 준비하고 노력하며 끊임없는 공부가 필요하다.

자기 자신에게 투자하라

인생은 생각보다 길다. 단기간에 결과를 내는데 연연해하지 말고 길게 보며, 준비를 해야 한다. 제품을 만들어 팔아 돈을 벌었더라도 시대의 트렌드가 바뀌면 한순간에 망할 수 있다. 음식장사도 마찬가지다. 광우병이나 조류독감 등으로 본인의 의지에 상관없이 폐업이 될 수도 있다. 잘 나가던 부동산도 금융권이나 정부 정책에 의해서 한순간에 무너질 수 있다. 현금을 100억을 가지고 있다고 하더라도 외딴섬이나 돈의 가치를 모르는 곳에 간다면 쓸모가 없을 것이다. 하지만 지혜는 언제, 어디서든 써먹을 수가 있다. 또한 평생 마이너스가 없는 투자가 되고 최고의 경제적 자유를 이룰 수 있는 도구가 된다. 지혜는 지식이 바탕이 되어야 한다. 언제 어디서나 평생 이익이 샘솟는 화수분을 만드는 방법은 자기 자신에게 투자하여 몸값을 올리는 것이다.

병행경력으로 파이프라인 구축방법

인연은 자연스럽게 다가오기도 하고 찾아가서 만들 수도 있다. 2009년 박상배 팀장을 만나며 내 인생에는 새로운 전환기를 맞게 된다. 천호식품 김영식 회장의 '뚝심카페'에서 만난 박 팀장은 고전 읽기 카페를 운영하고 있었다. 6개월 동안 가입신청을 했는데도 받아주지 않았다.

'도대체 어떤 조건을 갖춰야만 가입이 될까?'

'나에게 무슨 문제가 있는 걸까?'

별의별 고민을 다해봤지만 딱히 생각이 떠오르질 않았다. 그러던 중 OFF 모임에서 첫 대면을 하게 된다. 첫인상은 강했다. 짙은 눈썹과 안경 너머로 보이는 빛나는 눈빛은 자신감이 묻어 있었다. 그리고 고전모임에 가입시켜 주지 않는 이유를 물었다.

"고전 가입을 하고 싶은데 조건이 있나요. 6개월 동안 가입이 안 돼서요."

대답은 뜻밖이었다. 자기계발을 하느라 카페에 신경을 쓰지 못했단다. 3P 자기경영연구소의 강규형 대표님을 만나 새로운 세계를 만났다나……. 어이가 없었다.

안경원에 근무를 하던 박 팀장은 바인더를 보여주며 성과와 시간, 기록, 목표관리에 대하여 침을 튀겨가며 설명을 했다. 마치 혼자만 아는 비밀을 이야기하는 것처럼 바인더를 숨기듯 빠르게 넘겨가며 '난 이런 사람이야.'라는 걸 보여 줬다. 당시에 필자는 시큰둥했다.

'그게 그래서 어쨌다는 건데…….'

필자가 박 팀장의 바인더를 펼쳐볼라치면 만지지도 못하게 하는 그런 느낌을 받았다.

독서 모임을 만들다

박 팀장이 열을 올리며 이야기를 했던 바인더가 궁금해졌다. 바인더와 더불어 책을 봐야 한다는 것과 '구본형 변화연구소'의 "꿈벗" 이야기를 했다. 꿈벗에 〈성공을 바인딩하라 / 강규형〉, 〈포커스리딩 / 박성후〉, 〈익숙한 것들과의 결별 / 구본형〉 대표님들을 모신다는 말을 하며 참여하기를 권유했다.

'난 아직 책을 많이 읽거나 좋아하지도 않는데…….'

'갔다가 꿔다놓은 보릿자루처럼 외톨이가 되면 어쩌지.'

이런저런 생각이 들었지만 참여를 하게 됐다. 1박 2일 동안 진행된 프로그램은 또 다른 세상과 접하는 느낌을 받았다. 자기소개 시간이 있었는데 저자들이 많았다. 다음에 이 자리에 다시 설 때는 필자의 책을 들고 서야겠다는 마음이 생겼다.

꿈벗에 다녀온 후 박 팀장에게 독서모임을 만들자고 제안을 했다. 책을 읽을 기회를 만들고 싶었다. '뚝심나비'라는 이름으로 신길동 신동선 선배님의 사무실에 처음 독서모임을 만들었다. 독서모임에는 반드시 필요한 몇 가지 요소가 있다. 독서모임이 병행경력에서 필요한 이유는 내공을 쌓을 수 있는 기회와 공감할 수 있는 사람들과 함께할 수 있게 된다. 아무리 좋은 시스템이 있다고 하더라도 사람들의 관심이 없다면 무용지물이 되고 만다. 이를 방지하기 위해서는 함께할 동지들을 먼저 찾는 것이 중요하다.

첫째, 장소가 필요하다.

둘째, 진행방법의 매뉴얼이 있어야 한다.

셋째, 모임의 리더는 빠지지 않고 꾸준히 나와야 한다.

넷째, 혼자 하는 게 아니라 모든 사람이 동참을 해야 한다.

첫째, 장소가 필요하다

모일 장소가 중요하다. 회사라면 회의실이나 교육장을 이용하면 되지만 각기 다른 사람들이 모이기 위해서는 장소가 필요하다. 장소가 학원이나 교회 아니면 복지관의 회의실도 좋다.

"뚝심나비"는 지금 3년째 염창동에 있는 뉴스터디 학원에서 진행되고 있다. 권규중 선배님께서 첫 모임부터 지금까지 참여하시며 지원을 해주고 계신다. 독서모임의 운영은 최경옥 선배가 해주고 있다.

둘째, 진행방법의 매뉴얼이 있어야 한다

대부분 독서모임은 1년을 지속하기 힘들다. 특별하게 내공이 있는 사람이라 하더라도 매주 모여서 새로운 주제를 계속해서 만들어내지 않으면 사람들이 하나둘 안 나오기 시작한다. 책을 읽지 않아서 안 나오는 경우도 많다. 한두 번은 그냥 듣기만 하지만 시간이 흐를수록 미안함이 쌓여 안 나오게 된다. 진행 방식에 따라 한 주는 자유도서, 한 주는 지정도서로 하는 게 좋다. 자신이 읽고 싶은 책을 자유도서 시간에 읽고 발표를 하는 방식이 부담이 덜하다.

여러 연령대의 독서모임이 처음 만들어졌다면 6개월 정도는 '돌깨기' 작업을 해야 한다. 일 년에 한 권도 읽지 않던 사람들이 책을 읽는다는 것은 보이지 않는 고문일 수 있다. 6개월 정도는 책 이야기도 중요하지만 일상다반사로 일어나는 자신의 이야기를 나누는 것도 중요하다. 6개월 동안 10권 정도를 진행하고 나면 모임의 사람들이 변하기 시작한다. 스스로 책 읽는 힘이 생긴다.

셋째, 모임의 리더는 빠지지 않고 꾸준히 나와야 한다

초대 회장은 신동선 선배님이었고, 두 번째는 필자가 진행을 했고, 세 번째는 이주광 선배가 지금은 최경옥 선배가 진행을 하고 있다. 최경옥 선배는 일 년에 책을 한 권도 읽지 않는, 책은 끓인 라면의 받침 정도로 생각하는 선배님이었다. 하지만 첫 모임부터 4년 동안 한 번 빠지고 모두 참여를 했다. 책을 읽든 읽지 않든 항상 참여를 하여 지금은 모임의 진행을 맡고 있다.

그녀는 책을 보면 머리가 아프다고 했다. 모임 중에 책을 읽어온 날은 손을 꼽을 정도였다. 남들 앞에서 발표를 하거나, 수다 이외에는 말하는 것도 힘들어했다. 하지만 1년 정도의 시간이 흐르자 말은 청산유수로 변하고, 남들 앞에서 당당하고 조리 있게 발표도 잘했다. 특히 사람들과 만남을 통해 소통하는 부분에 있어서는 탁월하게 변모했다. 기록에 있어서도 3년 동안 나름 열심히 하여 준비물을 챙기는 것과 아침식사 준비도 잘해주었다. 모임에서 리더는 하루아침에 되는 게 아니라 열심히 하는 사람이 자연스럽게 리더가 된다.

넷째, 혼자 하는 게 아니라 모든 사람이 동참을 해야 한다

리더의 역할은 모임이 원활하게 진행될 수 있도록 윤활유 역할을 해야 한다. 흔히 범하기 쉬운 일 중 하나가 진행자가 너무 주도적으로 이야기를 하면 안 된다는 것이다. 아무리 많은 지식을 알고 있다고 하더라도 잔잔한 미소로 지켜봐주는 내공이 있어야 한다. 모임의 주체이긴 하지만 다른 사람에게 말할 기회를 많이 주고 여러 사람이 동참할 수 있도록 통제와 분위기를 끌어 올릴 수 있는 역량이 필요하다.

바인더를 마스터하다

3P 바인더는 단계별로 프로, SLE, Coach, Master 단계가 있다. Master 과정까지 마치는 데는 약 2년의 시간이 걸린다. 과정 중에는 책을 정리하고 강의를 하기 위한 준비와 실제 강의를 연습하게 된다. 보조 바인더 사용법과 필요한 내용을 만드는 과정을 거치면서 나름의 시스템을 갖출 수 있게 된다. 교육 후 강의를 할 수 있게 되는데 단순히 스피커 수준에서 머물면 안 된다. 본인 방식으로 강의안을 만들어 노력을 해야 한다.

바인더 설명회 강의

직장을 다니며 강의 연습을 하기란 쉽지 않다. 기회도 많지 않다. 특히 내공이 쌓일 때까지는 유료강의를 한다는 건 있을 수 없는 일이나 다름없다. 하지만 노력하지 않으면 영영 기회는 오지 않는다. 본인이 자리를 만들어 노력을 한다는 것도 말처럼 쉽지 않다. 그래서 준비된 것이 바인더 설명회 강의다. 첫 유료 강의를 한다는 것은 설렘과 엄청난 준비를 해야 하는데 아무리 준비하고 또 노력을 해도 강의가 끝나면 후회를 한다. 조금 더 노력할 걸 하는 생각이 든다. 시간이 흐를수록 내공이 생기는데 3년 정도 노력하면 기술자가 되고 지난한 7년의 숙성과정을 거친 후에 진정한 전문가로 태어난다는 생각이 든다.

사람들은 이익이 없다고 생각되면 바로 떠나게 된다. 특히 유료 강의는 더욱 그렇다. 한 단계 한 단계 계단을 오르는 심정으로 철저한 분석과 피드백을 해야 한다. 진정한 전문가로 거듭나기 위해서는 내 자신을 만족시킬 수 있도록 부단한 노력을 해야 한다.

병행경력에서 주의해야 할 일

가장 중요한 것은 병행경력을 쌓으면서 주된 업무에 지장을 주어서는 안 된다. 일과 시간 이후나 주말을 이용하는 것이 바람직한데 필자는 평일 업무가 끝난 후 바인더 설명회 강의를 하고 있다. 경제적으로 큰 도움은 되지 않지만 용돈벌이 정도는 되는 것 같다. 처음 시작은 작게 하는 게 좋다. 훗날 병행 경력이 쌓여 주된 업무보다 수입이 더 많아진다면 이직을 할 때 부담 없이 가능하다. 하지만 현재 가장 중요한 일은 주된 업무에 최선을 다하는 게 현명한 사람이다. 괜히 직장상사의 눈밖에 벗어나게 되면 여러 가지 불이익을 받을 수 있기 때문이다.

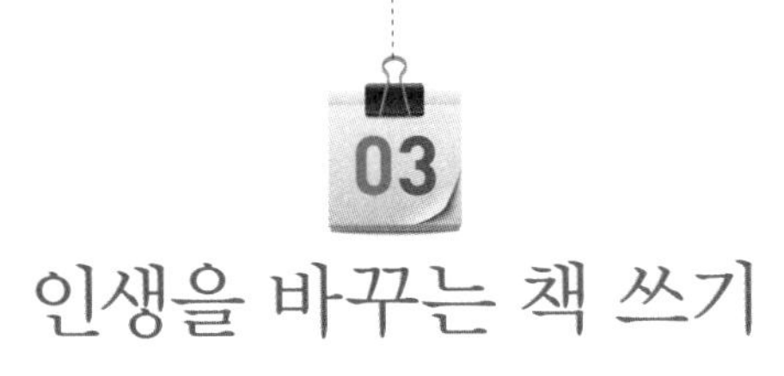

인생을 바꾸는 책 쓰기

독서는 인류 역사상 가장 훌륭한 스승들에게 배우는 작업이다.
생각하게 하고 깨닫게 하고 따라 하게 한다. 그러나 쓰기는 명징하게
하고 창조하게 하고 쏟아 내게 한다. 독서가 글을 소비하는 것이라
면, 쓰기는 글을 창조하는 것이다. 글을 쓰는 것은 문명의 시작이다.
글을 씀으로 인류의 문명에 참여하는 것이다.

- 구본형 -

왜 책을 써야 하는가

요즘 사람들은 누구나 자신만의 저서를 남기고 싶어 한다. 아니, 엄밀히 말하자면 무슨 수를 써서라도 자신의 이름 석 자로 된 책 한 권을 출간하는 것이 인생 최대의 목표로 삼는 사람도 적지 않

다. 그리하여 3~4개월 코스의 '글쓰기 교실'이나 '책 쓰기 코칭' 등 수백만 원 이상의 적지 않은 금액과 시간을 할애하여 참가해보지만 정작 자신이 의도한 책 쓰기는커녕 단 한 줄의 글쓰기조차 포기해버리는 경우가 대다수다.

그 의문에 대한 답은 의외로 간단하다. 책 쓰기는커녕 초등학교 저학년 때 학교숙제로 내준 일기, 혹은 대학을 가거나 취업을 하기 위해 자기소개서 외에는 단 한 줄의 글쓰기를 해본 경험조차 없던 사람이 단지 의욕만으로 책 쓰기를 하려 했기에 대체 무엇을 어떻게 써야 하는지 막연하기 때문이다.

그리하여 아무리 '글쓰기 교실'이나 '책 쓰기 코칭' 등에 등록을 해도 그냥 겉돌기에 불과할 뿐인 것이다.

그럼 우선 무엇을 어떻게 써야 하는지는 잠시 후에 다루기로 하고 왜 책을 써야 하는지 그 이유부터 알아보자.

누구나 인지하듯 책 쓰기의 최대 장점은 바로 '나'를 알리는 것으로 이 책 한 권을 통해 인생이 바뀔 수도 있다는 사실이다.

굳이 다 열거할 필요도 없이 지금 당장 그만두고 싶어도 이런저런 이유로 직장에 머무를 수 없다면 내 능력과 존재를 알리기 위해서라도 책 쓰기는 반드시 필요하다. 만일 자신의 이름으로 출간된 책이 베스트셀러가 된다면 순식간에 돈과 명예는 물론 사후 70년 동안 저작권이 보장되는 만큼 평안한 노후생활과 자식들에게까지

대물림해주는 영광을 안을 수도 있겠지만 이는 다만 허상에 지나지 않을 수도 있다. 그러나 베스트셀러만이 영광을 가져다주는 것은 아니다.

비록 베스트셀러나 스테디셀러가 아니라 한들 자신의 저서 한 권은 곧 그 분야의 전문가로 인정받는 자격증이 되어 바로 신분상승을 꾀하는 계기가 되기도 한다.

만일 현재 강의나 코치를 업으로 삼는 사람이라면 최소한 자신의 저서 한 권이라도 있어야 명함 한 장이라도 내밀 수 있다. 각 기업체나 단체에 나를 홍보함에 있어 가장 간단한 방법이 바로 자신이 펴낸 저서일 테니까 말이다.

뿐만 아니라 이 책은 소셜 네트워크를 통한 독자들과의 커뮤니케이션이 이루어지기에 이제까지는 각 기업체나 단체에 강의 제안서를 보내는 대신 강의 요청으로 인한 스케줄 관리에 정신이 없을 수도 있다. 그 밖의 장점은 가히 상상이 가고도 남음이 있으리라 여겨진다.

글쓰기의 기본

글을 써야 할 때 가장 큰 고민은 무엇을 써야 할지 마땅한 콘텐츠가 없다는 사실이다. 평소에는 쓸 말이 너무 많고 이 부분만큼은 자신이 최고라도 자부해왔건만 막상 글을 쓰려고 하니 무엇을 어떻게 써야 할지 도무지 생각이 나지 않는다.

바로 본서에서 지적한 바인더 독서에 대한 몰이해와 무경험일 것이다.

본서의 독자들은 어찌했든 한글세대임에 틀림이 없다. 따라서 중고등학교 시절, 혹은 대학이나 사회생활을 하면서 단 한 줄조차 끼적거리지 않았더라도 적게는 수십 권에서 많게는 수백, 수천 권의 책을 읽었을 것이다. 그리하여 이런 정도는 나도 쓸 수 있을 것이라는 생각이 들기도 한다.

헌데도 정작 본인이 쓰려고 하면 백치인 양 아무것도 생각이 나지 않는다. 무엇이 문제일까? 책 쓰기 코칭을 통한 콘텐츠에 따라 주제 등을 적고 목차까지 만들어놓았지만 여기까지가 한계인 경우도 있다.

이 책은 말 그대로 독자 여러분이 책을 읽되 반드시 사색하며 메모하라는 의미에서 집필되었다. 그럼 그 메모는 언제 유용할지 생각해보기 바란다.

제2장에서 열거한 '기록은 메모에서 시작한다'의 대목을 다시 한 번 상기할 필요가 있다.

"…… (중략) 메모는 창의력의 모태이고 역사의 기록 역시 메모에서부터 시작되었다. 말은 입을 떠난 순간 사라지지만 기록은 쓰는 순간 생명을 얻게 된다.

〈조선 최고의 메모광 다산 정약용 / 정민(한양대 한국학)〉

우리에게 너무도 잘 알려진 다산 정약용은 조선 최고의 메모광이었다. 그의 저술을 총정리한 문집인 '여유당전서與猶堂全書'는 154권 76책으로 가히 우리의 상상을 뛰어넘는다. 물론 여유당전서 이전에 '목민심서', '흠흠신서', '경세유표' 등은 그의 생전 단행본으로도 출간되었다.

이 방대한 저술의 근간은 한마디로 철저한 메모 덕분이었다.

독자 여러분은 이 사실을 상기하고 이제부터라도 짧게는 3개월, 길게는 일 년 정도라도 자신이 내고자 하는 분야의 책을 50~100권 정도 정독한 다음 다시 한 문장, 한 단어들을 음미하며 메모해 보면 그제야 책 한 권을 쓰는 것이 그리 어렵지 않음을 느낄 수 있을 것이다.

와 닿는 문장이나 단어가 있으면 책에다 밑줄을 긋거나 형광펜 등으로 표시를 해도 좋고 별도로 수첩이나 메모지에 메모를 해도 좋다. 더구나 요즈음은 메모지와 펜 대신 스마트폰이든 디카든 마음만 먹으면 언제 어디에서고 메모를 할 수 있고 기록도 할 수 있지 않은가.

무엇을 써야 하는가

여러분은 일찍 사별하거나 찢어지게 가난하게 살며 자식들을 키워왔던 노인들이 한결같이 "내가 고생한 것을 책으로 쓰면 5권은 되고도 남는다."는 얘기하는 것을 들어보았을 것이다.

그럼에도 그분들의 살아온 세월이 재조명되지 않는 이유는 무지하거나 배우지 못해서만은 아니다. 그럴 만한 여건도 되지 않았거니와 글을 쓰지 못해 제3자가 대필해준다 하더라도 몇십 년의 일거수일투족을 어찌 알 수 있을 것이며 순간순간의 희로애락의 감흥을 불러일으키기도 쉽지 않은 일이기 때문이다.

그러나 만일 그분들의 하루하루 일과를 단 몇 줄의 글이라도 메모나 일기 형식으로 남겨놓을 수 있었다면 이는 책 쓰기의 바탕뿐 아니라 나무랄 데 없는 역사서이자 과거와 현재를 잇는 가교의 역할을 하기도 한다.

얼마 전 종영된 '응답하라' 시리즈는 많은 시청자에게 사랑을 듬뿍 받았다. 바로 공감대 형성으로 과거와 현재의 가교 역할이 아니고 무엇이겠는가.

과거에는 책을 쓴다고 하면 시나 에세이, 소설 등 문학작품을 얘기했지만 요즘은 직종만큼이나 많은 저서들이 쏟아져 나온다. 예컨대 음식, 취미, 여가, 힐링, 팝, 애완동물, 원예, 낚시 등 수많은 직업과 비례한 실용서나 안내서가 있다. 아울러 명상이나 웃음을 통한 치유, 자기계발서, 경제경영, 철학 등 우리네 삶만큼이나 많은 저서들이 존재한다.

그렇다면 이런 저서들은 누가 집필하게 되었을지 생각해보자. 당연히 그 분야의 전문가일지언정 글을 업으로 삼는 작가는 아니다. 따라서 마음만 먹으면 누구든지 작가가 될 수 있다는 사실이다.

그럼에도 불구하고 단지 메모나 일기를 토대로 한 권의 책을 엮어내기란 쉽지 않은 일이다. 글쓰기를 주업으로 하는 전문작가들조차 책상에 앉으면 마음먹은 대로 글이 써지는 건 아니다.

보리스 파스테르나크는 '닥터 지바고'를 10년 동안이나 썼고 어니스크 헤밍웨이도 '무기여 잘 있거라'의 마지막 장면을 무려 39번이 고쳐 썼다고 했다.

올해 노벨상 후보로 거론되었던 무라카미 하루키도 '긴 소설을 쓰려면 생존훈련을 하는 것과 같다.'라고 그 고충을 토로한 바 있다. 따라서 언젠가 시간이 나고 적절한 환경이 주어진다면 글을 쓰리라는 생각은 아예 글을 쓸 수 없다는 핑계에 불과하다.

단 한 가지 '나는 글을 쓸 것이다.'라는 대전제만 주어진다면 대답은 의외로 간단하다.

아침이든 저녁이든 그도 아니라면 주중이라도 반드시 글을 써야 한다는 강박관념이 아닌 사명감을 지니라는 것이다. 그러나 다량의 책을 출간한 저자들의 경우는 정해진 시간에 일어나 출근하기 전 한두 시간을 할애해 글을 쓴다고 한다.

어찌했든 등산이나 여행, 좋아하는 친구를 만나 술을 마시더라도 그 순간의 모든 일상에서의 기록과 메모는 자신이 쓰고자 하는 콘텐츠가 아니라 할지라도 분명 한 줄의 글이 되어야 하고 이 글이 모아져 한 권의 책이 됨을 의심하지 말자.

글쓰기는 누구나 할 수 있다

책 읽기의 끝은 어디일까? 물론 없다. 그러기에 책 읽기로 만족하면 안 된다. 취미로 책 읽기를 해도 좋지만 생계유지가 힘들어지면 곤란하다. 지식이 아무리 많이 쌓여도 지혜가 아무리 넘쳐나더라도 궁핍하게 살고 싶지는 않을 것이다.

평범함 사람이 책 읽기만으로 먹고 살 수는 없다. 어떻게든 삶을 유지할 수 있도록 활용을 해야 한다. 비즈니스에 능한 사람도 처음부터 잘하지는 않았다. 경험과 노력, 끝없는 아이디어를 비즈니스와 연관하여 생각하고 발전시켜 성공을 이루어냈다. 그렇다면 이 책을 가지고 비즈니스에 연관시킨다면 어떤 장점이 있을까?

바로 책 쓰기이며 그 근본의 글쓰기라고 할 수 있다.

요즈음은 스마트기기나 블로그, SNS 등을 통하여 누구나 쉽게 글을 쓸 수 있지만 책 쓰기는 조금 더 준비를 해야 할 것이다.

자신의 일기나 메모, 혹은 즉흥적으로 떠오르는 감동이나 생각을 블로그 또는 자신이 좋아하는 카페에 글을 올리는 것과는 차별화해야 한다.

앞서 강조했지만 간단하고 확실한 콘텐츠와 주제를 정하고 목차를 만든 다음 그 목차에 따라 자신만의 색깔을 담아 차분히 작업을 해야 한다.

글을 쓰는 건 자유롭지만 책을 쓰는 건 조금 다른 의미가 내포되어 있다. 둘 다 남이 보는 것이라는 공통점이 있지만 글쓰기는 자신의 생각을 자유롭게 쓰면 되지만 책 쓰기는 자신의 조금 더 깊은 내면을 끌어내고 내 입장보다는 독자의 입장에서 생각하고 고민하며 써야 한다.

또한 무엇을 말하고 싶은지, 어떤 걸 전해줘야 할 것인가를 고민해야 한다. 자신이 좋아하는 작가를 탐하고 분석해보며 글을 풀어보기도 하고 줄여보며 자신의 내공을 키우는 작업도 해야 한다.

책 읽기와 쓰기는 베틀의 씨줄과 날줄의 관계로 볼 수 있다. 이에 따라 독서법의 최종은 글쓰기라고 볼 수 있는데 다산 선생이 말했듯이 실용적인 책을 써야만 하고 공리공론의 책을 쓰지 말아야 한다.

독서를 아무리 많이 하면 무엇 하겠는가? 얻을 수 있는 게 있어야 한다.

책 쓰기는 얻을 수 있는 것 중 하나라 할 수 있다. 남들의 글만 읽어서는 진정한 책 읽기라고 할 수 없는데 책을 써봐야 비로소 책을 제대로 읽을 수 있다.

작가의 심정도 모르고 어떻게 책의 내용을 이해할 수 있을까?

책 쓰기라고 하면 어디에서부터 시작해야 할지 막막하다. 새로운 영역의 도전은 설렘도 있지만 두려움이 공존한다. 그러나 두려움 속에서의 깨달음은 희열과 감동을 준다.

책은 머리가 좋은 사람만이 쓸 수 있거나 유명한 사람만이 쓸 수 있는 것이 아니라 누구나 할 수 있지만 어찌했든 지난한 작업과정을 거쳐야 한다. 아무리 머릿속에 번뜩이는 아이디어가 넘쳐나더라도 '암묵지' 형태로 머물러 있으면 소용이 없다. 반드시 '형식지'로 끌어내는 작업을 해야 한다.

머릿속의 내용을 정리하여 글로 표현하는 것이 '형식지'인데 '암묵지'와 겸하여 끊임없는 반복적으로 작업해야 한다. 이런 반복 작업을 통해 창의적인 생각을 이끌어 낼 수 있다. 두뇌를 끊임없이 자극하여 가슴을 울리는 내용들을 이끌어 내면 비로소 자신의 책으로 탄생할 수 있는 것이다.

그러나 책을 쓴다는 것이 말처럼 쉬운 일은 아니다. 글을 쓰다 보면 자신의 한계를 경험하기도 하고 의도하지 않은 방향으로 흘러갈 때도 있다. 하지만 걱정은 하지 않아도 된다. 한 번에 좋은 글이 나오지 않는다. 글쓰기를 하는 사람 모두가 겪는 과정의 일부이다.

내 자신이 책을 써보면서 작가의 고통도 느껴보고 완성됐을 때의 희열도 경험해보자.

훈련을 통하여 이루어진다

책 쓰기는 훈련을 통하여 얻어지는 결과이다. 문장기술은 타인의 것을 베끼기부터 시작하여 점차 내 걸로 만드는 과정을 거치면서 세련된 문장이 탄생할 수 있다.

책을 쓰면 자신의 미래가 보인다.

책을 쓸 때는 많은 자료들을 수집하게 된다. 일련의 자료를 모아서 분류하고 다시금 정리하는 작업들을 하게 되는데 이때 많은 지식과 경험 노하우를 쌓게 된다. 또한 책을 쓰는 분야에 대해서 남들보다 더 넓게 보고 깊게 생각하게 된다.

PC나 스마트기기를 처음 구입하면 기본적 설정을 해주어야 한다. 설명서를 보면서 혼자 설정을 하다 보면 이해가 되지도 않고 설명이 난해하여 정확하게 세팅이 되었는지 알 수 없어서 답답함을 느껴본 경험을 해보았을 것이다.

설정을 해주는 것이 처음이라 쉽지 않게 느껴지지만, 이 과정을 거치지 않으면 기계가 동작하지 않거나 원하는 대로 움직이질 않는다. 반드시 이 과정을 거쳐야만 한다.

자기분야의 진정한 전문가가 되기 위해서는 책 읽기로 지식과, 정보, 지혜를 축적하고 내용을 활용 가능한 상태로 만드는 것이 바로 책 쓰기 과정이라 할 수 있다. 아무리 많은 것을 경험하고 뛰어난 능력을 타고 났다고 하더라도 시간과 공간의 제약성 때문에 세상의 모든 일을 다 알 수는 없다. 하지만 간접경험을 통한 독서와 자신의 직접경험을 결부하여 책을 쓴다면 훌륭한 책을 쓸 수 있다.

본인의 지식을 쌓는 것부터 시작하여 쌓인 지식을 지혜로 바꾸고 지혜를 주위 사람에게 나누어주는 방법 중 하나가 바로 책 쓰기라고 할 수 있다.

지금 당장 준비해야 한다

글을 쓰는 연습과 책을 쓰는 과정을 통하여 자신의 브랜드도 만들고 비즈니스와 연계하는 작업도 꾸준히 하여 자신이 원하는 바를 이루도록 해야 한다.

한겨울에 매서운 바람을 견디는 나무는 생존을 위하여 낙엽을 떨어뜨린다. 모양은 을씨년스럽지만 내년을 위한 준비를 하는 것이다.

사람도 마찬가지로 성공을 원한다면 많은 것들을 내려놓아야 한다. 서두르지 않기 위해서는 지금 준비해야 한다.

매일 조금이라도 글을 써보는 것이 중요하다. 혼자가 힘들다면 글쓰기 카페나 독서 모임을 찾아보는 것도 좋은 방법이다. 글쓰기 관련 서적도 매우 많다. 자신이 쓰고 싶은 글의 주제를 정하고 관련서적을 섭렵하여 전문가의 실력이 갖춰졌다면 책 쓰기를 통하여 나를 브랜드화하는 작업을 시작하자.

'작가는 타고나는 것이 아니라 만들어진다.'라고 말한다. 유명작가일수록 지금의 자리에 오르기까지 많은 피와 땀을 쏟아 붓는 노력을 한다.

구본형 선생의 〈익숙한 것과의 결별〉이나 안철수 씨의〈영혼이 있는 승부〉, 한비야 씨의 〈바람의 딸, 걸어서 지구 세 바퀴 반〉, 이지성 씨의 〈꿈꾸는 다락방〉 등 이름만으로는 알 수 없었던 사람들이 책으로 성공한 사례들이다.

평범할수록 책을 써야 한다고 생각한다. 남들과 차별화하기 위해서는 책보다 좋은 것이 없다. 조직에 몸담고 있다면 그 어떤 자격증보다도 확실한 차별화를 만들 수 있는 것이 바로 자신의 저서이다. 이 책 속에는 삶의 철학과 지식은 물론이고, 생각과 경험이 고스란히 묻어 있다.

책은 전문가로 가는 지름길이며 하나의 자격증이라고 할 수 있다. 누구나 자신의 적성에 맞는 분야가 있다. 지금까지 발견하지 못했거나 아직 모르겠다면 독서를 통해서 찾으면 된다. 여러 분야의 책을 섭렵하다 보면 감정이 끌리는 책들이 있다. 그 분야부터 시작하면 된다.

독서와 글쓰기는 불가분의 필연적인 운명이라고 할 수 있다. 글을 쓰는 사람 치고 독서광이 아닌 사람이 없고 독서를 안 하는 사람 치고 글을 잘 쓰는 사람은 없다. 잘 알아서 글을 쓰는 게 아니라 글을 쓰면서 깊이 있는 공부를 하게 되고 배우는 과정을 만들어 가는 것이다.

어디에서부터 시작할지 막막하다면 주위 가족에 대해서부터 쓰면 된다. 부모님, 자녀, 지인으로 시작하여 직장동료, 친구들로 확장해 나가면 된다.

〈글쓰기 훈련소 / 임정섭〉(cafe.naver.com/pointwriting)에서는 POINT 기법으로 글쓰기를 가르친다. "함께 성장 연구원 & 함께 쓰는 글터 / 정예서"(cafe.naver.com/east47)에서는 글쓰기를 통한 치유과 코칭을 가르친다.

혼자 연습하기 힘들다면 글쓰기 카페나 블로그를 이용하여 독서모임에 참석하는 방법을 권해주고 싶다.

책을 한 권 쓰기도 힘들지만 하이테크마케팅의 김영한 대표는 〈총각네 야채가게〉를 비롯한 68권의 저서가 있다. 우리에게 〈주식회사 장성군〉으로 잘 알려져 있는 양영무 교수 역시 35종의 책을 펴냈다. 이 외에도 여러 권의 책을 출간한 사람이 많다.

그럼 그들은 시간이 많아서 여러 권의 책을 저술할 수 있었을까? 아니다. 하루 중 자신만의 시간을 만들어 그만큼 노력을 했다. 필자도 아침 출근을 하여 아무도 오지 않은 사무실의 책상에서 일과를 시작하기 전까지 매일 A4 한 장을 채우려고 노력을 한다.

처음은 나와 가족부터 시작을 했다. 부모님, 형, 동생에 관련하여 A4 용지를 채우다 보면 가족에 대해 아는 게 별로 없다는 생각이 들 것이다. 그래서 글을 쓰면서 안부 전화도 하고 하나라도 더 기억해내려고 하다 보면 먼지가 켜켜이 쌓인 추억들이 하나둘 나오기 시작한다.

저녁시간이나 주말에는 글을 보강하거나 소재가 떨어진 머리에 독서를 하며 글감을 찾는 노력을 한다. 늦가을 낙엽이 떨어져 나뒹굴듯 머릿속 지식도 쓰기만 하면 텅 비고 만다. 책을 읽으면 새로운 아이디어가 솟아오른다. 글감에 살을 붙일 수 있다는 마음에 설렘도 찾아온다. 그 느낌이 글 쓰는 맛을 더해준다.

매일 A4 한 장을 채운다는 마음가짐만 있다면 얼마든지 여러 권의 책을 쓸 수 있다. 다양한 주제의 글들과 나만의 전문분야를 만들기 위한 노력의 시작이라고 생각한다. 아침시간 특히 새벽시간을 이용해 글을 쓰는 구본형 선생을 비롯하여 많은 작가들이 새벽시간을 활용한다. 조용한 새벽에 잠을 충분히 자고 나면 뇌 역시 정리가 되어 새로운 아이디어나 글쓰기가 잘된다. 집중하여 몰입할 수 있고 숙제를 마치는 기분으로 일과를 시작하면 하루가 뿌듯해진다. 아침에 일어나기가 힘들다면 일어나는 것부터 연습을 해보라. 새로운 세계가 열릴 것이다.

매일 A4 용지 한 장 쓰기

글쓰기 연습을 하면서 수많은 책을 읽고 강의를 들었다. 하나같이 쉽게 책을 낼 수 있다고 이야기하고 글쓰기의 어려운 점과 책이 탄생한 순간의 기쁨을 말하고 있다. 책을 쓰는 이유와 책을 쓰려는 목적이 다 다르지만 한 권을 쓰기 위한 노력은 공통적인 에너지가 들어간다.

'시간이 없다.'는 핑계는 어디에서나 사용하지만 정작 시간이 없어서 못 하는 일은 극히 드물다. 특히 사람의 나태함은 편안해질수록 더욱 커진다. 직장생활을 하며 책을 쓰지 못한다면 회사를 그만두고도 책을 쓸 확률은 더욱 적어진다. 생계를 걱정하다 보면 마음의 여유가 더 없어지기 때문이다.

글을 쓰기 위해서는 매일 꾸준한 노력이 필요하다. 책을 출판하겠다는 꿈과 독서를 습관화해야 한다. 또한 급하지 않은 마음가짐이 필요하다. 마음이 급하면 포기하기 쉽다. 글 쓰는 재주가 없다고 생각이 든다면 베껴 쓰기를 추천하고 싶다. 하루 한 장 책을 베끼든 칼럼을 필사하든 무조건 A4 용지 한 장을 쓰는 연습을 하면 몰라보게 글쓰기가 향상된다.

베껴 쓰기를 할 때는 문장을 꼼꼼히 살펴보는 노력이 필요하다. 어느 순간 한 글자 한 글자가 눈에 들어오기 시작하며 문장이 가슴에 새겨질 것이다. 한 가지 덧붙인다면 본인의 방식으로 다시금 되뇌어보며 고쳐 보는 게 필요하다. 글을 쓴다는 것은 많은 생각을 하게 만든다. 여러 사람의 각도로 생각을 하고 글을 써보는 것도 도움이 된다.

책을 쓰겠다는 마음가짐을 가졌다면 바쁜 시간을 쪼개야 한다. 신은 누구나 공평하게 24시간을 나누어 주었다. 아무에게도 방해받지 않는 시간을 활용하면 하루에 A4 용지 한 장은 어렵지 않게 쓸 수 있다.

필자의 경우는 아침에 출근하여 이 책을 쓰기 위해 3년 동안 매일 A4 용지 한 장을 썼다. 평범한 사람이 전문가가 되기 위해서는 부단한 노력이 필요하다. 한 분야의 책을 쓰기 위해서는 최소한 50~100권의 책을 기본적으로 독파해야 한다.

필자는 3년 동안 천 권이 넘는 책을 읽었고 독서관련 서적만 150권 이상을 읽었다. 하루에 한 장씩 글을 쓴다는 것은 습관이 되지 않으면 안 된다. 평범한 글쓰기에서 타인을 위한 글을 쓰기 위해서는 정말 부단한 노력이 필요하다.

자료를 수집하고 분석하여 필요한 것을 발췌하는 작업을 반복해야만 쓸 만한 글들로 만들어진다.

책을 쓰다는 것은 개인의 역량 향상뿐만 아니라 가족과 국가에도 도움이 된다. 죽어서도 생명이 살아 있고 스테디셀러가 된다면 저작권료가 70년간 가족들에게 돌아가게 된다. 또한 가치와 명예를 얻을 수도 있다. 무엇보다도 자신의 전문 영역을 만들기 위해서는 반드시 필요한 과정 중 하나가 책이 될 수 있다. 내가 일을 하지 않고도 돈을 벌어주는 파이프라인이 되기도 한다. 따라서 힘들기는 하지만 도전해야만 한다.

그러나 책 쓰기에 관하여 꼭 기억해야 할 것이 있다.

책 쓰기는 바로 절박함과 간절함이라는 사실이다. 현재 직장생활을 하든 한 기업의 대표이든 책 한 권을 냄으로써 자신의 가치와 브랜드가 어떻게 달라질지 간절하고 절박한 마음이 없다면 책 쓰기는 그냥 공론에 불과할 뿐이다.

그냥 언젠가 한번 써봐야지 하는 막연한 생각만으로는 평생 책 쓰기는커녕 한 줄의 글쓰기조차 할 수 없다. 반드시 목차를 만들어 어느 부분까지는 언제까지 써야 할 것인지 데드라인을 정해야 한다. 또한 책 쓰는 시간을 정해야만 한다. 시간이 날 때 써야지 하는 생각은 책 쓰기를 포기하는 것과 같다.

매일 아침 A4 용지 한 장을 쓰는 것부터 연습해보자. 1년 정도만 쓰면 분명 책 한 권의 분량이 나오리라 믿는다.

자격증을 쉽게 취득하는 방법

필자는 10여 개의 자격증이 있다. 교통사고 감정사, 정보처리기사, ITIL, 인명구조, 보트조정면허 등 주로 IT와 레저에 관련한 자격증들이다. 자격증이라는 것은 전문가로 인정한다는 의미가 내포되어 있다.

우리는 취미생활을 휴식으로만 생각한다. 더 발전시키기보다는 즐기고 만다. 하지만 취미생활의 즐거움을 조금 더 발전시켜 자신의 분야에서 전문가로 인정받고 비즈니스로 연결하는 노력을 하기 위해서는 자격증을 이용하면 수월하다. 물론 아무리 좋은 자격증을 취득하더라도 이용을 하지 못하면 쓸모가 없다. 스펙 쌓기를 하자는 이야기가 아니다. 정말 필요한 자격을 갖추고 이용을 하자는 말이다.

똑같은 자격증보다는 조금 다른 이력의 자격증을 취득하는 게 훗날 차별화에 도움이 된다. 모든 일의 시작이 그렇듯 자격증을 따는 데도 요령이 있다.

자격증은 취득하고자 하는 분야의 내용을 거의 다 알아야 한다

어설프게 공부하면 자격증 취득은 물 건너간다. 쉽게 보이는 운전면허증도 공부하지 않으면 떨어진다. 한 곳을 집중하여 보기보다는 전반적인 것을 다 알아야 한다. 시험유형과 패턴파악이 중요하다. 특히 목차와 시험유형을 비교하며 보는 게 중요하다. 뼈대가 파악되면 살들을 발라내면 된다. 잘 발라진 살들을 양념에 버무려 다시금 요리를 해도 되고 소금에 찍어 먹어도 된다.

시간이 촉박하다면 문제집을 집중적으로 풀어라

자격증을 빠르게 취득하고 싶다면 다른 출판사의 문제집을 3종 정도 구매를 하고 반복하여 풀어본다. 많이 풀어 볼수록 유리하다. 문제 유형도 풀다 보면 분석이 되고 같은 종류의 문제를 변형한 것도 다른 문제집에서 발견된다. 문제집은 반드시 3권 이상을 풀어봐야 한다.

목적을 가지고 목표를 정해라

물에 빠졌을 때 살아남는 방법이 목적이라면 목표는 구체적인 실천방법이다. 소리를 질러 다른 사람에게 도움을 요청하거나 구명조

끼를 입거나 수영을 미리 배우는 것이 실천방법이라 할 수 있겠다. 자격증 공부를 할 때 시간계획을 세우고 매일 꾸준히 하는 게 중요하다. 우선순위를 자격증에 맞추고 방해받지 않는 시간을 할애 하여 집중적으로 공부해야 한다. 일정시간을 정해두고 공부가 끝나기 전까지 다른 걸 시작하지 않는다는 각오로 접근해야 한다.

한 번에 끝내야 한다

자격증은 떨어지면 다시 시험을 치를 때까지 시간과 노력, 비용이 소요된다. 물론 다른 일도 마찬가지겠지만 자격증은 취득하는 순간 자신만의 방어막이 하나 생긴다. 다른 사람과 차별화되는 요소가 하나 생기는 것이다. 특정분야의 자격증을 목표로 정했다면 우선순위를 자격증에 두고 달려야 한다. 맹수가 먹이를 잡기 위해서 목숨을 건다는 사실을 아는가? 놓치면 굶어죽는다.

자격증이 많다고 해서 모든 일을 다 잘하지는 못한다. 특히 CEO는 자격증이 없는 경우가 더 많다. 하지만 같은 값이면 다홍치마라는 이야기가 있다. 요즘 회사에서 신입사원을 선발할 때 대단한 스펙의 사원들이 많다. 하지만 회사에서 다시금 교육을 시키고 업무에 임하고 있다.

또한 내부직원들이 살아 남기 위한 방법으로 자격증을 취득하고 있다. 스펙이 있고 능력이 있는 신입사원도 중요하지만 업무가 탁월하고 회사에서 자기계발을 위한 자격증을 취득한다면 자신의 몸값이 상승되는 건 당연한 이치다. 경쟁력과 차별화를 위해서 자격증을 준비하자.

자격증의 역할

필자는 초등학교 2학년 때 낚시를 시작하여 27년 동안 낚시광으로 살았다. 민물, 바다, 루어 등 장르에 구애받지 않고 전국의 강과 바다를 누볐다. 자연스레 물속의 녀석들과의 심리전이 이어졌고 삶과 생태를 연구하게 되었다. 결국 대학원은 양식학과에 들어갔다.

양식학과에서 물고기의 생태와 습성들을 연구하고 분석해 봤지만, 낚시를 하면서 물고기와의 묘한 심리전에 한계를 느꼈다. 날씨와 바람과 온도 등 많은 변수들에 의해서 아무리 출중한 고수나 뛰어난 어부도 물속의 녀석들에 굴복하고 만다. 대박을 꿈꾸며 더 큰 녀석을 잡아내기 위해 장비와 미끼를 연구하고 노력해보지만 안 물어 주면 그만이다.

낚시는 마약과 알코올 중독을 치료하는 데 이용한다고 한다. 마약과 알코올 중독보다 더 강한 중독이 있다는 이야기다. 마약과 알코올 중독은 건강을 잃지만, 꾼들 중에는 낚시를 하기 위해서 운동을 하는 경우가 많다. 겨울에 등산을 하고 장거리를 걷기 위해 수영, 헬스를 하는 경우도 있다.

이렇게 낚시에 대한 열정과 노력이 가능한 건 고수와 초보도 위에서 말한 변수에 의해서 평등해진다. 또한 녀석들을 잡게 되면 결과물이 존재한다. 남자의 심리 중 사냥의 기본원리가 뼛속 깊은 곳에 내재해 있음을 느낀다. 약한 존재의 움직임이 손끝에 전해지는 순간 제압을 시작하여 녀석이 뭍으로 올라오는 순간 희열은 극에 달한다.

처음 잡았던 물고기가 지금도 기억에 남는다. 손안에서 펄떡이는 녀석의 움직임, 잡힌 것에 아쉬움이 있는 듯 뻐끔거리는 입과 눈망울을 보며 왠지 묘한 쾌감이 느껴졌다. 그 느낌 때문에 27년을 물가에서 보냈는지도 모르겠다.

낚시를 하다 보면 욕심이 생긴다. 조금 더 많은 녀석을, 더 큰 녀석을 잡기 위해 연구를 많이 한다. 밤잠을 설치며 분석도 한다. 체력이 받쳐주지 않으면 지속할 수 없기 때문에 꾸준히 운동을 한다. 그래서 시작한 수영과 마라톤을 벌써 7년째 이어오고 있다. 유산소 운동만 하다 보니 근육양이 줄었다고 해서 지금은 수영과 헬스를 한다.

바다낚시를 하다 보니 조금 더 먼 곳의 물고기가 씨알이 좋았다. 멀리 던질수록 큰 녀석이 나왔다. 그래서 고무보트를 샀다. 고무보트를 운전하기 위해서는 보트조정면허를 취득해야 한다. 보트면허는 한강에서 시험을 보는데 다행히 한 번에 합격을 했다. 자동차

운전면허시험과는 다른 매력이 있다. 빠른 대처능력을 요하기도 하고 접안능력과 인명구조를 테스트하는데 합격의 짜릿함은 자동차운전면허의 두 배 이상은 되는 것 같다.

고무보트를 사서 낚시를 하다 보니 안전사고의 위험성이 뒤따랐다. 배가 뒤집히면 어떻게 해야 하나 생각하자 인명구조 자격증을 취득해야겠다는 생각이 들었다. 최소한 물에 오랫동안 떠 있어야만 생존할 수 있다는 단순한 논리로 시작한 인명구조 자격증은 심폐소생술부터 잠영 횡형, 자유형 등 수영은 물론이고 중량물 운반과 물속에서 한두 시간 떠 있는 것은 기본이며 두 손을 들고 10분간 떠 있는 것까지 체력이 좋아야만 가능하다. 물론 필기 테스트도 있다.

인명구조를 취득하고 얼마 지나지 않아 천호식품 야유회에 참여하게 되었다. 래프팅을 했는데 넓은 지역에서 배를 뒤집어 사람들을 빠트리는 곳이 있었다. 한참을 즐기고 있는데 사람숫자가 8명에서 7명밖에 보이질 않았다. 뒤집힌 배 근처에 접근하자 한 사람이 구명조끼에 줄이 묶여서 배 밑바닥에 깔려 있었다. 아무도 그 상황을 발견하지 못했는데 필자가 배 밑으로 들어가 줄을 풀어 구조한 일이 있었다. 다행히 생명에는 지장이 없었지만 물을 엄청 많이 먹어서 기진맥진한 상태였다. 휴식을 취하고 체온유지를 하자 정상으로 돌아왔다.

다음 날 사건이 하나 더 있었다. 많은 사람이 강당에 모여 도미노 쌓기를 하고 기념사진을 찍기 위해 단상에 올라서 줄을 서는데 단상이 무너져 내렸다. 위에서 조명이 떨어져 부상을 입은 사람이 있었는데 119에 연락을 하고 사람들을 통제해야 했다. 우왕좌왕하는 사람들을 사고현장에서 분리시키고 접근 통제를 한 다음 부상자 상태를 파악하며 119가 올 때까지 의식 확인을 했다. 다행히 병원에 무사히 옮겨 나중에 퇴원했다는 소식을 들었다.

만약 인명구조자격증을 취득하지 않았다면 위에서 일어났던 사고는 더 큰 사고로 이어질 수 있었을 것이다. 사람을 구조하기 위해 취득한 자격증은 아니었지만 실생활에 필요한 자격증은 반드시 도움이 된다는 교훈을 얻었다. 취미생활에서 시작하여 전문가가 되는 첫걸음은 국가에서 인정하는 자격증을 취득하는 방법도 하나의 길이 되는 것 같다.

05

명품강의를 꿈꾸다

많은 사람들이 자신이 원하는 일을 하기보다는 '목구멍이 포도청'이라 어쩔 수 없이 싫은 일을 참아가며 하는 경우가 더 많다. 환경을 바꿀 수 없는 상황이라면 본인을 바꾸는 방법을 선택하면 일을 즐겁게 할 수가 있다.

필자는 원하는 일을 하기 위해 노력을 하며 살아왔다. 안목을 넓히기 위해 지방에서 서울로 올라왔고 하고 싶은 일을 찾아서 부서를 옮겼다. U-City 설계 및 구축 일을 하다가 교육에 관련한 강의를 하고 싶어서 지원하여 부서를 옮겼다.

부서를 옮기고 6개월 정도는 업무를 파악하는 단계와 강의보다는 스피커 역할을 많이 했다. 지식전달을 목적으로 앵무새처럼 무의미하게 의사전달에 노력을 한 것 같다. 1년이 흐른 후 지식전달의 단계를 겨우 면한 것 같다. 하지만 아직도 강의수준이 눈에 띄

게 향상됐다거나 필자만의 색깔을 찾기에는 턱 없이 부족함을 느낀다.

그리하여 강의를 다섯 단계로 나누어 보고 실천을 하고 있다.

1) 분석

분석은 강의를 듣는 사람들의 요구를 분석하는 게 중요하다. 요구분석은 무엇을 원하는가를 찾아내는 것을 말한다. 학습자분석은 겉으로 표현되는 요구와 이면에 내재되어 있는 표현되지 않는 요구가 있기 때문에 계속적으로 파악하고 반영하는 게 중요하다. 무엇을 원하는가를 찾아내서 만족을 시켜주는 것이 중요하다. 특히 학습자의 수와 성별, 나이 등을 기본적으로 파악해야 한다. 강의장소 환경을 파악하는 것도 중요하다.

2) 설계

요구분석을 하고 나서 목표를 세우고 설계를 해야 한다. 목표를 정해야 내용과 방법을 결정할 수 있기 때문이다. 설계 시 학습자들의 교육 후 목표가 달성되었는지 평가 항목까지 결정해 두는 것이 필요하다. 또한 학습동기 유발을 위해서 의욕을 북돋을 수 있는 방법을 찾아야 한다. 교안작성은 자신의 취향에 맞게 만들기보다는 학습자가 쉽게 이해할 수 있게 만들어야 한다. 교안의 효과는 자신감을 얻을 수 있고, 작성을 하며 더욱 깊이 내용을 습득할 수 있으

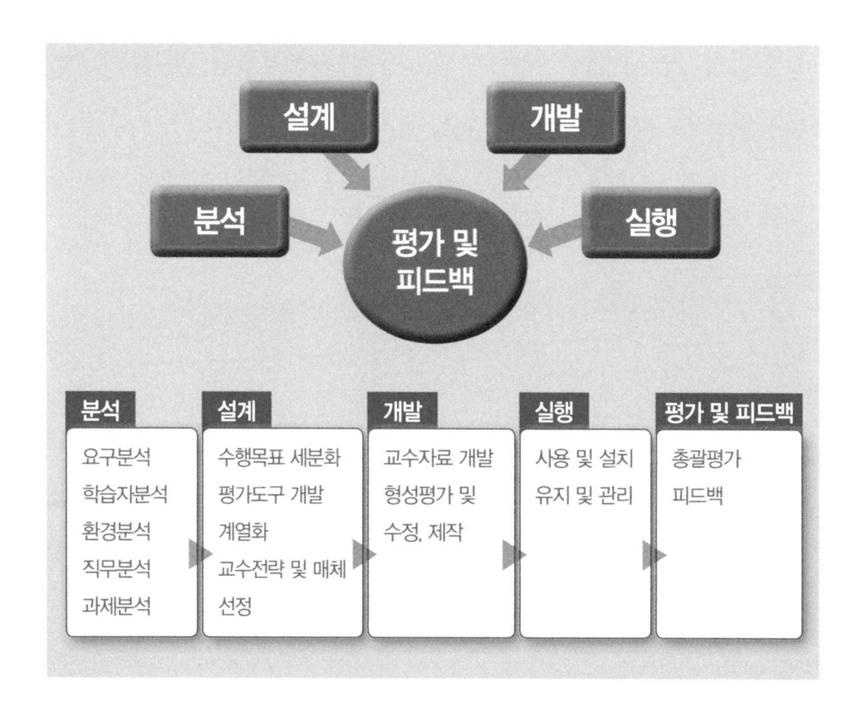

며, 효과적으로 강의를 전개할 수 있게 된다. 또한 강의 시간을 관리할 수 있고, 일관된 강의를 진행하는 데 도움이 된다.

3) 개발

세부적인 사항을 철저히 구상한 후 개발단계로 넘어간다. 필요한 자료, 도구, 매체의 실제 제작을 해야 한다. 개발단계는 혼자 하는 것보다 전문가와 협력하는 것이 좋다. 먼저, 개요를 작성하고 단계별로 내용을 자세하게 원고로 작성해야 한다.

도입요소는 주의 집중과 동기부여를 어떻게 해야 하고, 학습목표와 학습자에게 어떤 내용이 필요한지가 녹아들어 있어야 한다. 이때 필요한 것이 질문이다. 질문은 학습자와 소통의 도구이자 주제와 관련한 내용을 파악하는 데 중요하다. 본인의 사례나 경험담을 이야기하는 것도 좋다.

본론의 전개 요소는 지적인 자극을 주고, 학습을 통하여 강의 내용을 충분히 이해하고 소화할 수 있도록 해야 한다.

결론의 방법은 처음 학습목표를 다시 상기해주며 지식이나 기술을 제대로 습득했는지 파악을 해야 한다. 또한 요약을 해주고 동기부여를 해주는 것이 중요하다.

4) 실행

반드시 시나리오 구성을 해야 한다. 완벽한 설계가 이루어졌어도 반드시 시뮬레이션을 해봐야 한다. 실행을 하면서 학습자의 반응에 따라 수정작업을 해야 한다. 준비한 내용을 전달하는 것도 중요하지만 참가자가 흥미가 없다면 좋은 강의가 될 수 없다.

강의는 확실한 어투로 하는 것이 설득력이 있다. 시선은 강의자를 향해야 하고 동선을 미리 파악하여 연습해 둘 필요가 있다. 학습에 있어서는 명확하게 활동할 수 있도록 지시사항이나 필요사항을 전달해야 한다. 주의해야 할 사항은 지시사항 전달 시 오해를 불러일으킬 행동이나 위압적이어서는 안 된다.

5) 평가

강의가 끝나면 자기 자신을 평가해보고 학습자들의 만족도와 습득 정도를 평가하여 파악하는 것이 중요하다. 또한 사후관리를 어떻게 할 것인지를 연구해야 한다. 교육이 끝난 후에는 프로그램의 전반적 평가를 하여 효과를 점검하고 질을 높일 수 있는 방법을 강구해야 한다. 프로그램의 개선이나 수정을 위한 기준을 마련하여 내용, 강의방법, 강사의 질, 학습활동, 환경, 일정 등을 파악해야 이후 강의에 적용할 수 있게 된다.

국가와 인류를 위해서 공헌하라

너무 거창한 이야기인가? 세상을 움직이는 극소수의 이야기라고 생각할 수도 있다. 필자 역시 불과 몇 년 전만 하더라도 이런 생각조차 하지 못했다. 아니, 할 생각도 없었다. 하지만 한 명의 사람을 만나고 한 권의 책을 읽으며 생각이 바뀌고 인생의 설계를 다시 하게 되었다.

시작은 본인의 발전을 위해서였다. 주위를 생각할 겨를이 없었다. 내 자신의 전문분야가 없으면 경쟁력이 없다. 경쟁력이 없으면 경제력이 따라 주지 않는다. 경제력이 없으면 불편함이 늘 함께 한다. 하지만 반대로 전문분야가 있다면 경제력과 주위를 돌아 볼 수 있는 여유가 생긴다. 선순환 구조가 만들어지는 것이다.

미래를 알 수는 없다. 하지만 준비를 하여 만들어 갈 수는 있다. 책으로 시작하여 지식의 확장이 일어나고 멘토를 만나서 빠르게 성장할 수 있다. 따라서 본인만의 시스템을 찾는 게 중요하다. 지식근로자가 되어 자신의 일에서 탁월한 성과를 이루는 방법을 습득하고 주위에 전파하는 것으로 부터 시작해야 한다.

또한 생각의 확장이 중요하다. 본인이 전문가가 되었다면 가족을 먼저 챙겨야 한다. 타인에게는 훌륭한 사람으로 정평이 나 있지만 이면에는 결핍이 가득하다면 진정한 성공으로 볼 수 없다. 사회의 구성은 사람들로 되어 있다. 가족이 성공하더라도 주위의 아이들을 경쟁자로 봐서는 안 된다. 경쟁은 글로벌하게 해야 한다. 세계최고의 대학과 경쟁해야 하고 인류기업을 꿈꿀 수 있도록 생각의 폭을 넓혀 주어야 한다. 주위의 아이들은 내 가족의 동반자이며 같이 사회를 구성해나가는 구성원이기 때문이다. 함께 공감하며 나아갈 동료를 누르고 올라가려는 경쟁보다는 협력하는 방법을 제시해 주어야 한다.

요즘 청소년들에게 스마트기기는 필수품이 되어 버렸다. 하지만 이면에는 중독현상으로 인한 역기능도 존재한다. 대세를 거스를 수는 없지만 너무 오랜 시간 매달려 있는 것을 주의시켜야 한다. 못 하게 막으라는 것이 아니다. 디지털이 문명의 속도를 높여놨다면 책으로 사색을 하는 시간을 만들어야 한다. 또한 부모가 본보기를 보이는 모습을 보여야 한다. 본인이 해보지 않아서 가이드를 할 수 없다면 전문가를 찾아서 연결을 해주는 노력을 해야 한다. 지식을 물려 줄 수 있는 방법은 가이드를 해주는 방법인데, 책을 추천해주고 독서모임 등 그룹 활동을 할 수 있도록 이끌어 주어야 한다.

학교에서 배우는 지식 위에 더 큰 지혜를 얻을 수 있는 방법은 졸업을 하고부터 시작된다. 많은 사람들이 졸업을 하면 책을 멀리 하는데 진정으로 공부는 사회에서 더 치열하게 한다. 살아남기 위한 노력뿐만 아니라 주위에 전파하는 노력을 해야 한다. 모방으로 시작된 일들이 더 나은 제품을 만들고 새로운 상품이 되듯 본인이 알고 있는 지식과 지혜를 나누어주는 작업을 해야 한다.

독서모임을 통하면 지식의 확장을 쉽게 할 수 있게 된다. 스마트기기의 장점이자 단점이 대중이 함께 하지만 혼자서 즐긴다는 것이다. 개인주의가 자연스럽게 만들어지는 것이다. 이런 것을 방지하기 위해서는 Off 모임을 통한 토론문화를 활성화하여 사색할 수 있는 힘을 키워야 한다. 개인주의에서 남을 배려하고 섬김을 경험할 수 있도록 기회를 만들어 보는 게 중요하다.

빌게이츠나 워렌버핏, 한국의 대기업들이나 세계 굴지의 기업들을 보면 많은 사람들의 생계를 책임지고 있다. 많은 돈을 기부하는 것도 중요하지만 성공은 이렇듯 사람을 살리는 일이 아닌가 생각해 본다. 본인만 살기 위해서 노력하는 것은 누구나 할 수 있다. 하지만 국가를 위해 나아가 인류에게 공헌하기 위한 방법을 생각해

보는 노력과 후손들을 위해 조금 더 나은 세상을 만드는 방법을 찾도록 도와주는 게 진정한 삶이라고 생각한다.

또 한 해가 시작되었다. 3년 동안 준비해왔던 책 쓰기가 어느덧 4년이 되어 버렸다. 독서와 바인더를 통해 인생이 바뀌었고 디지로그를 활용하며 성장한 내 모습을 보았다. 시스템은 복사가 가능한 것이라고 말한다. 평범한 사람이 전문가가 되기 위한 방법을 찾기 위해 노력하였고 누구나 같은 방법을 통하여 전문가의 길을 찾았으면 바람을 해본다.

새해 아침 해맞이를 하기 위해 산에 올랐다. 하지만 엄청난 눈보라가 몰아쳤다. 아이젠을 준비하지 않아 걱정을 하며 한 걸음 한 걸음을 옮겼다. 어둠에서 시작한 등산은 점점 밝아오는 여명에 서서히 물러나고 거칠게 몰아치던 눈 역시 잦아들었다. 처음 산에 오를 때는 어둠에 의지하여 눈길을 홀로 걸었다. 아무도 걷지 않은 눈길에 발이 푹푹 빠지며 새로운 길을 만들어 나아가는 게 힘들었다. 하지만 시간이 흐를수록 하나둘 사람들의 모습이 보이고 먼저 지나간 사람이 만들어 놓은 발자국을 따라가자 쉽게 걸을 수가 있었다.

홀로 걸을 때는 주위가 무섭기도 하고 이 길이 맞는지 의심스러웠지만 사람들이 늘어나고 밝아오는 아침이 길을 쉽게 찾을 수 있도록 해주었다.

인생의 길도 마찬가지가 아닌가 생각해본다. 혼자 어두운 눈길을 걷듯 아무도 가지 않은 길을 개척하기는 힘들지만 뒤따라올 누군가는 본인의 발걸음을 보며 쉽게 길을 찾았을 수 있다.

산을 걸으며 오르막이 나오자 힘이 들었다. 두 사람이 지나치기에 힘든 길이 나오면 한쪽에 서서 양보를 하고 있다가 올라가야 했다. 바위지역이 나오면 두 배로 힘이 들었다. 마스크로 얼굴을 가리고 올라갔는데 바람이 불자 얼굴 주위가 칼로 베는 듯한 통증이 느껴졌다. 머리끝과 마스크의 윗부분에는 얼음이 맺혔다. 그렇게 정상에 올랐다. 정상에는 이미 많은 사람들이 있었다. 조금 더 높은 곳에 오르기 위해 위험한 높이에 사람들이 서 있었다. 자칫하다간 안전사고로 이어질 수 있는데, 좁은 곳에 어떻게든 오르려고 안간힘을 쓰고 있었다. 그 모양을 보며 필자 역시 그렇게 살고 있지 않은지 생각해 보았다. 다른 사람보다 더 높이 오르기 위해서 발버

둥 치고 있지 않은지 마음 한편이 씁쓸했다.

정상에서 주위를 돌아보았다. 서울 시내가 한눈에 보였다. 밑에서는 볼 수 없는 멋진 풍경과 복잡한 도시 속에 치열하게 살아가는 사람들 중 본인이 포함되어 있음을 실감하고 조금 더 넓은 생각을 하기 위해서는 무엇을 해야 할까 잠시 고민해 보았다.

하산을 하며 소나무에 핀 눈꽃에 감탄사가 나왔다. 자연은 있는 그대로가 인간에겐 선물인 것 같다. 내리막을 걸으며 긴장이 됐다. 아이젠을 준비하지 않은 게 후회가 됐지만 알면서도 도전해야 한다면 즐기자는 생각에 과감히 걸었다. 위험한 구간이 나오면 힘을 더 줬는데 오히려 편안히 걸을 때보다 더 미끄러웠다. 그래서 두 번이나 넘어졌다. 엉덩이가 아프긴 했지만 준비하지 않은 대가라 생각했다. 내리막이 심한 구간이 나오면 오히려 힘을 주지 않고 더 빠르게 내려갔다. 다행히 하산을 하는 동안 더 이상 넘어지지 않았다.

전문가가 된다는 것 역시 눈길 산행과 같다는 생각을 해보았다. 오르막과 내리막, 좁은 길과 바위길 등을 지나 정상에 오르듯 전문가로 가는 길 역시 수많은 역경과 고난의 연속이다. 하지만 이런 일련의 과정을 거치고 나면 정상에 오르게 된다. 정상에 올라야만 주위를 둘러 볼 수 있게 된다. 중간에 포기하거나 멈추는 순간 정상에서 맛볼 수 있는 희열은 사라지게 된다. 본인의 이익을 위하는 건 산을 오르는 것이고, 사람들과 함께 하면 힘이 덜 드는 것은 나눔이 있기 때문이다.

정상에 올라야 비로소 많은 것을 볼 수 있고 그래야만 더욱 더 큰 생각과 주위를 돌아보며 무슨 일을 해야 할지 계획하고 설계가 가능하다. 아이젠을 준비하지 않으면 눈길에서 넘어지듯 미리미리 준비하지 않으면 큰일에 부딪힐 때 방어를 할 수 없게 된다. 하산길에 누구에게나 따뜻한 막걸리를 나누어주는 동아리를 보았다. 사회에서 기부 활동을 하는 것이 바로 이런 동아리가 아닌가 생각해본다.

세상은 혼자 살아가는 것이 아니다. 내가 먼저 배운 게 있다면 주위에게 전파해주고 평생 공부하고 지혜를 쌓는 노력을 기울여야 한다. 자신을 돌아보고, 가족을 챙기며, 국가와 인류를 위해 공헌하는 삶을 살아보는 것도 괜찮을 듯싶다.

행복한 성공을 만드는 '300'의 힘
100권, 100곳, 100명으로 일궈내는 와일드한 성공!

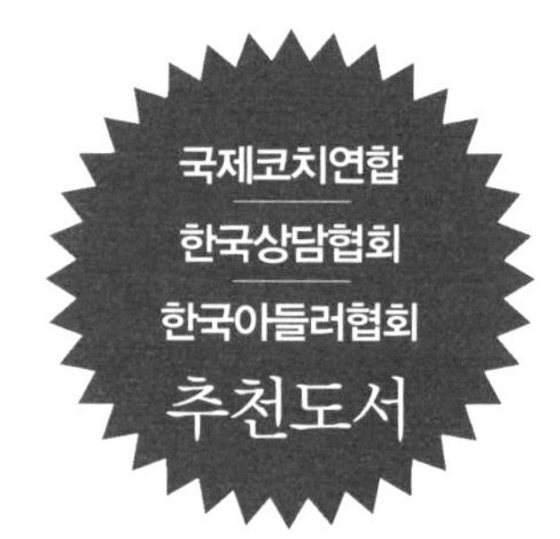

진짜 나의 본성을 발견하는 힘

와일드 이펙트

유광선 지음 | 304페이지 | 신국판 | 값 15,00

가슴 뛰는 삶의 주인이 되는 생각법!

이 책의 저자는 자신이 찾은 행복한 인생의 비밀을 WILD라는 단어에 담아냈다. WILD는 Want, Imagine, Learn, Declare의 앞 글자를 조합한 것으로 WANT: 내가 하고 싶은 일을 원하고 좇는 삶, 가슴이 뛰는 삶, IMAGINE: 목표가 이루어졌을 때를 상상하는 즐거움, LEARN: 배움의 자세, DECLARE: 꿈을 이루기 위해 빠른 시일 내에 실현 가능한 단계적 목표를 세워 실천의 족쇄로서의 선언이다. 저자가 제시하는 실제 사례들과 제안들처럼 WILD하게 살다 보면 인생을 주도적으로 개척해 나가는 방법을 터득하게 될 것이며 일상을 소중하게 생각하고 내가 가진 것에 감사해하고 있는 자신을 발견하게 될 것이다.